U0519154

中华传统文化和谐思想研究

张利华◎著

知识产权出版社

全国百佳图书出版单位

—北京—

图书在版编目（CIP）数据

中华传统文化和谐思想研究/张利华著. —北京：知识产权出版社，2023.7
ISBN 978 - 7 - 5130 - 8550 - 2

Ⅰ.①中…　Ⅱ.①张…　Ⅲ.①中华文化—研究　Ⅳ.①K203

中国版本图书馆 CIP 数据核字（2022）第 254353 号

责任编辑：贺小霞　　　　　　　　　责任校对：王　岩
封面设计：邵建文　　　　　　　　　责任印制：孙婷婷

中华传统文化和谐思想研究

张利华　著

出版发行：知识产权出版社有限责任公司	网　址：http://www.ipph.cn
社　址：北京市海淀区气象路 50 号院	邮　编：100081
责编电话：010 - 82000860 转 8129	责编邮箱：2006HeXiaoXia@ sina.com
发行电话：010 - 82000860 转 8101/8102	发行传真：010 - 82000893/82005070/82000270
印　刷：北京建宏印刷有限公司	经　销：新华书店、各大网上书店及相关专业书店
开　本：787mm×1092mm　1/16	印　张：12.25
版　次：2023 年 7 月第 1 版	印　次：2023 年 7 月第 1 次印刷
字　数：160 千字	定　价：68.00 元

ISBN 978 - 7 - 5130 - 8550 - 2

出版权专有　侵权必究
如有印装质量问题，本社负责调换。

序

罗安宪

中华传统文化博大精深，两千多年来，持续传承，推陈出新。深入挖掘中华优秀传统文化的精神品质，继承弘扬其思想精华，是中国学人的天职，更是当今中国人文学科领域学者的根本职责。然而，如何继承与弘扬只是挖掘中华优秀传统文化精神品质的一个方面，更为重要的则在于：要使这些精神品质在现实生活中发挥作用，要使中华优秀传统文化与社会现实结合起来。只有将传统与现实结合起来，才能实现中华优秀传统文化的创造性转化和创新性发展。

张利华教授是著名的国际问题研究专家，她的新作《中华传统文化和谐思想研究》，并不局限于传统文化本身，而是立足于现实，将中华优秀传统文化与当代现实，特别是同中国改革开放结合起来，用中华优秀传统文化中的和谐思想的基本观念、基本原则、基本方法分析中国和世界的现实问题。

作者从中国古代经典著作《易经》《道德经》《论语》《黄帝内经》等相关文献中提炼归纳出太极哲学世界观基本原理、阴阳辩证法基本定律、传统和谐思想核心价值观。太极哲学世界观的基本原理包括：整体观、阴阳观、变易观、不易观、和谐观；阴阳辩证法的基本定律包括：阴阳相生、阴阳相克、阴阳消长、阴阳互根、阴阳互补、阴阳互渗、阴阳互转、阴阳平衡；传统和谐思想的核心价值观包括：仁、义、礼、智、信。这种概括不仅准确，并且具有一定的创新性。中华优秀传统文化特别强调整体，强调变易，强调和谐，强调阴阳两种力量、两种因素之间的相生相克、互根互补、互渗互转，提倡和高扬仁、义、礼、智、信。然而，该著作最有意义的是将这些基本观念、基本原理、基本定律与当前的国际形势联系起来。

整体观强调世界是一个整体，习近平主席在第七十届联合国大会的讲话中强调各国携手构建合作共赢新伙伴，同心打造人类命运共同体。当今世界，各国相互依存、休戚与共，国际社会日益成为一个"你中有我，我中有你"的命运共同体。有了"人类命运共同体"的观念，才会谋求合作，才会构建以合作共赢为核心的新型国际关系。阴阳观强调两种力量虽然不同，以至于有冲突，但也有互利、互补、合作的一面，如果中美关系按照习近平主席所说的"不冲突、不对抗，相互尊重，合作共赢"倡议来发展，就不会偏离和平共处的航向。和谐观强调求同存异，和而不同。2013 年中国提出"一带一路"倡议，倡导沿线国家"政策沟通、设施联通、贸易畅通、资金融通、民心相通"，奉行"结伴而不结盟"的方针，就是中华传统和谐思想在国际政治中的具体运用。张利华教授还运用阴阳相生、阴阳相克、阴阳互补等定律分析国际形势，并认为传统和谐思想的核心价值观是仁、义、礼、智、信，中国在国际事务中坚持国家不分大小、强弱、贫富，一律平等，推动国际关系民主化、尊重主权，共享安全，维护世界和平稳定，尊重和维护各国人民自主选择社会制度和发展道路，主张和平解决国际争端，反对诉诸武力或以武力相威胁，就是仁的体现；中国在国际事务和国际争端中维护主权，保护国家利益，就是义的体现；中国在对外关系中提倡国家之间相互尊重，提倡以"亲、诚、惠、容"处理邻国关系，就是礼的体现；中国外交政策坚持"韬光养晦，有所作为"，就是智的体现；中国积极履行国际人权条约，落实公民经济、社会、文化权利和发展权，就是信的体现。

中华优秀传统文化需要继承与弘扬，更需要面向现实、面向世界，应当让更广大的人民群众了解中华优秀传统文化、熟悉中华优秀传统文化的思想精华，应当让世界各国人民更多地了解中国、理解中国，张利华教授在这方面做出了积极的探索。

特此作序。

2022 年 10 月 16 日

（作者系中国人民大学哲学院教授）

罗安宪简介

罗安宪，1960 年生，陕西省西安市人，中国人民大学哲学博士。现任中国人民大学哲学院教授、博士生导师，中国人民大学孔子研究院副院长兼秘书长，国际儒学联合会理事，老子学研究会副会长，尼山世界儒学中心副秘书长、学术委员。研究方向：先秦哲学、道家哲学、儒道关系。多年来在中国人民大学系统讲授中国哲学史、儒家经典、道家经典等课程。主要学术成果：《中国孔学史》《虚静与逍遥——道家心性论研究》《老庄哲学精神》《儒道心性论的追究》《和谐共生与竞争博弈》等，主编《中华传统经典诵读文本》（13 册），出版音像制品《中华经典资源库：老子》《中华经典资源库：庄子》。在《哲学研究》《中国哲学史》《学术月刊》等刊物上发表学术论文近百篇，论文多次被《新华文摘》、中国人民大学复印报刊资料全文转载。

目　录

第一章　导　论

一、选题背景

2022 年 2 月 24 日，俄罗斯对乌克兰展开"特别军事行动"。以美国为首的西方多国都站在了乌克兰一边，向乌克兰提供了大量武器弹药和军事装备。与此同时，他们对俄罗斯进行了全方位的严厉制裁。

面对乌克兰危机，中国展现出了与美国、北约及欧盟完全不同的立场和态度。中国没有选边站，而是与俄罗斯和乌克兰继续保持关系，进行经贸往来，并向乌克兰送去了人道主义物资援助。时任国务委员兼外交部部长王毅表示，俄乌冲突原因错综复杂，"解决复杂问题，需要的是冷静和理性，而不是火上浇油、激化矛盾。中方认为，要化解当前危机，必须坚持联合国宪章宗旨和原则，尊重和保障各国的主权和领土完整；必须坚持安全不可分割原则，照顾当事方的合理安全关切；必须坚持通过对话谈判，以和平方式解决争端；必须着眼地区长治久安，构建均衡、有效、可持续的欧洲安全机制。"❶ 习近平主席提出解决乌克兰问题的四点意见：一要坚持劝和促谈。国际社会要继续为俄乌谈判进程创造条件和环境，为政

---

❶　王毅在十三届全国人大五次会议举行的视频记者会上就中国外交政策和对外关系回答中外记者提问［N］. 人民日报，2022－03－08.

治解决开辟空间，不能火上浇油、激化矛盾；二要防止出现更大规模人道主义危机；三要构建欧洲和亚欧大陆持久和平，不能再用冷战思维来构建世界和地区安全框架；四要防止局部冲突扩大化。不能把全世界都捆绑到这个问题上，更不能让各国老百姓为此付出沉重代价。❶

从中国对俄乌冲突采取的劝和促谈立场可以看出，中方充分考虑到了俄乌双方的利益，体现了中华传统文化和谐思想的阴阳辩证思维。而以美国为首的北约所采取的"一边倒"和"一边打"的做法则体现了"非黑即白""非白即黑""二元对立"斗争哲学的思维定式。以美国为首的北约的这种做法进一步激化了俄乌矛盾，促使双方冲突持续不断。

在当今经济全球化和社会信息化时代，如果国际社会依然盛行"二元对立"斗争哲学，大国强国依然奉行"弱肉强食"的"丛林法则"及强权政治和霸权主义，战争双方你死我活地厮杀，如此下去人类将走向何方？当今时代，如何防止国家之间的冲突和战争？如何维护人类社会的和平与发展？笔者认为，在这样的历史关头，弘扬中华优秀传统文化中的和谐思想十分必要，因为和谐思想的世界观、方法论与核心价值观完全不同于西方"二元对立"的斗争哲学以及"弱肉强食"的"丛林法则"，中华传统文化和谐思想提供了解决人类社会和国际社会矛盾冲突的新思路，阐发了构建人类命运共同体的实践路径。

二、研究对象

本书的研究对象是中华优秀传统文化中的和谐思想体系，包括和谐思想的世界观、方法论与核心价值观，并考察和谐思想在中国改革开放和对

---

❶ 习近平会见欧洲理事会主席米歇尔和欧盟委员会主席冯德莱恩［EB/OL］. 新华网，（2022 – 04 –01）［2022 –06 –05］. http：//www. news. cn/politics/leaders/2022 –04/01/c_1128525397. htm.

外关系中的体现，以及为构建人类命运共同体所提供的深刻思想启示。

中国学术界有不少专门研究中华优秀传统文化的文献，专门研究和谐与和合思想、太极哲学、阴阳五行以及儒家思想的专著和论文也不少，其中一些文献对本书的研究有很大的启发，然而，本书着重研究的是中华优秀传统文化中和谐思想体系。通过研究，笔者发现，中华传统文化和谐思想有一个完整的体系，包括世界观、方法论与核心价值观，其内涵渗透、贯穿于中国古代经典著作《易经》《道德经》《黄帝内经》《论语》《尚书》《礼记》《孟子》等古籍中。

笔者从中国古代典籍《易经》《道德经》及相关研究文献中提炼出了和谐思想的世界观，即整体观、阴阳观、变易观、不易观、和谐观；从《易经》《黄帝内经》及中医书籍的研读学习和感悟中归纳出了阴阳辩证法八大基本定律，即阴阳相生、阴阳相克、阴阳消长、阴阳互根、阴阳互补、阴阳互渗、阴阳互转、阴阳平衡。从《易经》、老子的《道德经》、孔子的《论语》以及《礼记》等经典著作中萃取了和谐思想的核心价值观仁、义、礼、智、信的基本内涵。

在提炼和谐思想基本内涵的同时，本书考察了和谐思想在中国改革开放和对外关系中的体现，并运用和谐思想的世界观、方法论和价值观分析了西方"非黑即白""非白即黑"二元对立斗争哲学与"零和思维"对人类社会和国际关系的危害；分析了"弱肉强食"的"丛林法则"以及强权政治和霸权主义对国际社会的危害，在此基础上，探寻解决国际冲突的根本之"道"，提供应对国际冲突与危机的智慧。总之，本书力图从中华优秀传统文化的和谐思想中挖掘其世界观、方法论与核心价值观，将其运用于分析问题，解决问题的思路和方法中。所以，本书是将和谐思想与社会现实和国际关系相对接的跨学科研究。

三、相关概念

1. 中华传统文化和谐思想体系

笔者通过阅读先秦秦汉时期中国经典著作,《易经》《道德经》《黄帝内经》以及儒家经典《论语》《尚书》《礼记》《大学》《中庸》《孟子》等,提炼出了太极哲学世界观的五个基本原理和阴阳辩证法的八个基本定律以及儒家思想仁、义、礼、智、信的基本内涵,并对这三部分内容进行组合,构成了完整的和谐思想体系(见图1-1)。

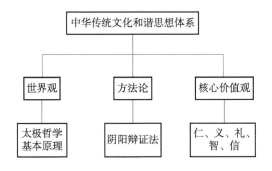

图1-1 中华传统文化和谐思想体系

笔者通过提炼中国古代经典著作的精华思想并加以组合,进行了系统性的建构,有助于人们一目了然地了解隐藏在历史大幕背后的传统和谐思想的基本内涵。所以,本书的研究成果更多的是本人对传统和谐思想三位一体的内容感悟和理解,一家之言旨在抛砖引玉。

2. 和谐的含义

"和谐"一词的中文含义是指事物之间配合的适当和匀称状态。《尚书》有"八音克谐,无相夺伦,神人以和"的记载,意思是说,八种乐器的声音恰到好处地搭配，不使它们乱了次序，神与人都因此而和谐。

"和谐"一词的英文翻译是"harmony"，意思是和谐、协调、融洽、一致，意味着没有矛盾冲突的状态。根据这样的界定，一些信奉斗争哲学的美国及西方政客对于中国政府提出的"建设新型国际关系"不屑一顾。在他们看来，人类不可能没有矛盾冲突。人类的权力和利益之争永远存在，人与人之间的冲突斗争永无休止。国家之间的利益之争以至战争永远存在，因此，和谐状态是不存在的。信奉霸权主义的国家要维持自己的主导地位，就会永不停歇地寻找现实和潜在的竞争对手或敌人进行斗争，削弱或消灭竞争对手，永葆本国的霸权地位。所以，在美国及西方某些政客眼里，国家之间是不可能和谐相处的，"建设新型国际关系""构建人类命运共同体"不过是一种幻想。

然而，中华传统文化和谐思想关于和谐的界定与英文"harmony"有很大的不同。和谐是指合理、妥当、恰到好处，合理就是合乎规律、合乎真理、合乎实际。妥当就是按照客观规律和真理恰到好处地处理问题，使事物由不协调达至协调，由不平衡达至平衡，由不和谐达至和谐。和谐并不否认矛盾、冲突和斗争，而是依据客观规律和真理进行合理妥当的斗争。

传统和谐思想从探索宇宙起源开始，力图发现宇宙的自然规律和人类社会发展规律，从客观规律的角度告诫人们应当做什么，不应当做什么，如何做什么。和谐思想既有理想目标又有操作指南，了解和掌握和谐思想不仅会提高人们洞察社会矛盾冲突之根源的智慧，而且会提高人们认识社会和解决问题的能力。

3. 和谐思想与马克思主义

有人可能会问，当今中国社会的主流意识形态是以马克思主义为核心内容和理论指导的社会主义意识形态，中国共产党以马克思主义为根本指导思想。那么，传统和谐思想与马克思主义是什么关系？

笔者认为，中国社会主流的意识形态的确如上所述，且是中国化、时代化的马克思主义。马克思主义只有中国化、时代化，才能在中国大地生根、开花、结果。马克思主义中国化、时代化的主要标志是马克思主义基本原理同中国具体实际相结合，同中华优秀传统文化相结合，而传统和谐思想是中华优秀传统文化的重要组成部分。所以，马克思主义思想精髓与中华传统和谐思想融会贯通就是马克思主义中国化的体现。两者交融，强强结合，不仅使马克思主义在中国大地牢牢扎根，而且使传统和谐思想在新时代重放光彩。

马克思主义对中国共产党和政府起着指导作用，中华传统文化和谐思想则为中国共产党治国理政提供宝贵的理念和智慧。因此，研究与弘扬传统和谐思想，考察其世界观、方法论与价值观在中国改革开放和对外关系中的体现，探寻解决社会矛盾和国际冲突的思路与方法，探索人类走向和平发展的道路，具有十分重要的理论意义和现实意义。

4. 太极哲学世界观

先秦秦汉时期的中国古代哲学经典主要研究和探索宇宙起源、自然规律和人类社会规律及伦理道德，道家和儒家的经典著作蕴含太极阴阳等和谐思想。太极是出自《易传》的抽象名词。成中英先生将太极称为中国哲学的原始出发点。中国学界有人将中国古典哲学称为和谐哲学、阴阳哲学、太极哲学等。刘远东在《太极辩证法——现代太极哲学的构建》一书中将太极哲学定义为包含本体论、方法论及哲学价值观在内的完整哲学体系。笔者主要参考了杨成寅先生的著作《太极哲学》和《成中英太极创化论》中关于太极哲学的论述，前书梳理了从先秦至近代中国著名思想家对太极阴阳的理解和认识，后者叙述了成中英先生关于太极哲学的基本思想观点。

笔者认为，相对而言，太极哲学的概念比较确切简明。一是太极本身就是阴阳一体的动态组合，阴阳鱼球太极图就是太极阴阳组合的生动具象图示；二是太极阴阳可以直接表达对宇宙起源的探究，按照太极哲学的推论，宇宙就是从无极到太极到万物的发展过程；三是太极哲学读起来朗朗上口，颇具中国文化特色。

"和谐观"早在古希腊时期就已出现。最早把"和谐"作为哲学范畴的是古希腊毕达哥拉斯学派，他们认为，"数是宇宙的要素，一切事物都是由数组成的。而数是由奇数和偶数组成的两个对立方面的统一，这种统一即是和谐。……世界是因为万物在数量上按一定比例的配置而产生和谐的，所以，和谐产生了秩序"。❶阴阳哲学概念虽然直接表达了宇宙万事万物的阴阳关系，但难以表达太极哲学对宇宙起源的追溯和阴阳运动变化的生动具象。所以，本书采用成中英先生首创、杨成寅先生系统梳理的太极哲学关于宇宙起源、发展、演变以至循环往复的思想作为传统和谐思想体系的世界观加以研究。

笔者通过阅读中国古代经典著作《易经》《道德经》《黄帝内经》以及相关文献，从中提炼出涉及太极哲学世界观即宇宙观内涵的段落和语录，结合自己的理解，归纳出太极哲学世界观的五个基本原理，即整体观、阴阳观、变易观、不易观、和谐观，并以中国社会现实和对外关系的实践为例，考察太极哲学世界观基本原理的实际应用和现实体观。

5. 阴阳辩证法

关于中华传统文化和谐思想的方法论，中国学术界有和谐辩证法、太极辩证法以及阴阳辩证法等称谓。笔者选取阴阳辩证法作为和谐思想方法论的称谓，是因为它直接表达了宇宙万物的阴阳关系及其动态变化，这一

---

❶ 李楠明. 马克思辩证法的和谐向度［M］. 北京：人民出版社，2014：8－9.

称谓又与太极哲学的"太极"之称谓相呼应，所以，阴阳辩证法既是和谐思想体系的方法论，也是太极哲学的方法论。

笔者通过精读中国古代经典著作《易经》《道德经》《黄帝内经》，从中提炼出涉及阴阳辩证法的段落和语录，并参考当代中国学者研究中医阴阳五行学说的相关文献，将阴阳五行与阴阳辩证法的定律组合在一起，归纳出阴阳辩证法八个定律：阴阳相生、阴阳相克、阴阳消长、阴阳互根、阴阳互补、阴阳互渗、阴阳互转、阴阳平衡，并以中国改革开放和中国与欧盟关系为例，分别阐释阴阳五行和阴阳辩证法八大定律的实际运用，探寻中国改革开放成功的奥秘，找出解决中欧关系矛盾冲突的思路与方法。

6. 和谐思想的核心价值观

自西汉汉武帝时期"罢黜百家，独尊儒术"以来，儒家提倡的"五常"即仁、义、礼、智、信通过上及五经博士，下至私塾讲学，得到广泛传播，逐渐为中国老百姓广泛接受，成为中国老百姓普遍信奉的文化价值观，并历经两千多年传承下来。时至今日，仁、义、礼、智、信依然是绝大多数中国人信奉和判断是非的标准。所以，笔者将儒家"五常"的仁、义、礼、智、信界定为中华传统和谐思想的核心价值观。笔者主要从《道德经》以及儒家经典《易经》《论语》《礼记》等书籍中提取了这五个核心价值观的基本内涵，并考察其在中国对外关系中的运用和体现。

四、研究意义

1. 理论意义

国内外学术界研究中华优秀传统文化的文献比较多，但是将和谐思想作为一个完整的体系加以组合建构的研究文献目前尚未发现。本书着重研究和谐思想体系的太极哲学世界观、阴阳辩证法方法论与核心价值观仁、义、礼、智、信三部分内容。这种对和谐思想进行三位一体的系统性组合与建构本身就是一种理论创新。

笔者采用了成中英先生首创的太极哲学概念，参考了杨成寅先生《太极哲学》梳理的中国古代至近代思想家研究太极哲学的观点和《成中英太极创化论》关于太极阴阳的阐述，以中国古代经典《易经》《道德经》《黄帝内经》等著作为蓝本，参考中医理论书籍，提炼归纳出太极哲学世界观的五个基本原理和阴阳辩证法的八个基本定律；以《论语》《礼记》《道德经》《易经》为蓝本提炼和谐思想核心价值观仁、义、礼、智、信的基本内涵。在此基础上，本书将传统和谐思想与中国改革开放及其对外关系加以对接，考察其世界观、方法论与核心价值观在实践中的运用。这种将和谐思想的世界观、方法论与核心价值观运用于中国改革开放及其对外关系研究，探寻其解决矛盾冲突的思路与方法，不失为一项创新性的研究。

多年来，一些国际关系学者以西方国际关系理论的现实主义、自由主义、建构主义为主流理论研究国际关系问题，也有学者运用马克思主义国际关系理论分析国际问题。这些国际关系理论均来自西方。本书所研究的和谐思想体系则属于中国古典哲学，提出的一整套世界观、方法论与核心价值观与马克思主义理论有一定的相通之处，但与西方二元对立斗争哲学有根本的不同。和谐思想的思维范式与西方国际关系理论如现实主义理论的思维范式也有很大的不同。

运用和谐思想的世界观、方法论与核心价值观分析中国对外关系和国际关系问题，得出解决问题的思路与方法，预测国际关系的发展趋势，对于丰富国际关系学科的研究具有重要的理论意义和学术价值。

2. 现实意义

2022 年发生的乌克兰危机给欧洲带来了很大负面影响，欧洲的石油、天然气价格上涨，出现能源危机、粮食危机和难民危机。在百年未有之大变局以及世界动荡不安的形势下，本书的问世或能为世界提供一个新的思考问题、解决问题的角度。和谐思想倡导"遵道守德""和而不同""求同存异""和实生物""和谐共存""合理斗争"，主张人与自然和谐、人与社会和谐、人与人和谐、自我身心和谐，这些理念从根本上否定了美国及西方一些极端政客所坚守的"二元对立"斗争哲学以及"弱肉强食"、强权政治、霸权主义，批判了"零和游戏"的思维缺陷。和谐思想所阐发的世界观、方法论与核心价值观为人类社会化解矛盾冲突提供了思路和启示。此项研究不仅可以为中国外交提供大智慧和大视野，而且可以为世界和平发展指明方向；不仅可以弘扬中华优秀传统文化，而且可以为人类走向和平与和谐的目标提供有益的启示。所以，本研究具有十分重要的现实意义和应用价值。

五、研究方法

本书所研究的中华传统和谐思想世界观、方法论与核心价值观属于哲学范畴，考察和谐思想在中国对外关系中的体现属于国际关系学范畴，这是一项跨学科研究。笔者主要采用归纳法、演绎法、历史方法、案例法和比较法开展研究。

归纳法。笔者通过精读中国古代经典《易经》《道德经》《黄帝内经》《尚书》《论语》《礼记》《孟子》等著作，找出与太极哲学、阴阳辩证法及核心价值观相关的语录和文字，参考当代学者关于太极哲学和阴阳五行的文献，根据自己的理解，归纳提炼出太极哲学世界观的基本原理、阴阳辩证法的基本定律及核心价值观的基本内涵。

演绎法。在本书中，笔者运用和谐思想世界观基本原理、阴阳辩证法基本定律及核心价值观基本内涵进行演绎性研究，以中国改革开放和中国与欧盟关系的实践为案例，考察和谐思想在改革开放和中国对外关系中的体现，探究其对中国社会发展以及国际关系的启示。

历史方法。在考察和谐思想的现实运用的过程中，笔者运用历史方法考察中美关系和中欧关系的变化，从大量的历史事实中寻觅和谐思想的现实运用。

案例法。笔者以中国改革开放和中国与欧盟关系为例，运用阴阳辩证法定律分析中国改革开放取得成功的奥秘，对中国与欧盟关系的问题和困境，提出解决问题的思路与方法。

比较法。太极哲学与马克思主义哲学虽然产生的时间相隔两千多年，但都是当今中国人民普遍认同或信奉的哲学思想。对两者进行对比，找出其共同点和不同点，将两者精华思想相融合并与中国实际相结合，探寻两者对社会发展和世界和平的积极意义，是实现马克思主义中国化理论探索的重要途径。

六、研究路径

第一，笔者选定本书研究主题和研究框架后，首先查找并阅读与中华传统和谐思想相关的世界观、方法论及核心价值观相关的文献，在掌握已有文献基础上进行文献综述，总结已有文献的贡献和不足，阐明本书研究的突破口和创新点。

第二，精读中国古代典籍《易经》《道德经》《黄帝内经》和儒家经典《论语》《尚书》《礼记》《孟子》等著作，从中筛选出关于和谐、太极哲学、阴阳辩证法及核心价值观的语句和段落，然后提炼归纳出和谐思想体系的太极哲学基本原理、阴阳辩证法基本定律与核心价值观的基本内涵。

第三，运用和谐思想的太极哲学基本原理、阴阳辩证法基本定律与核心价值观仁、义、礼、智、信基本内涵分析中国改革开放及其对外关系的基本原则、战略方针、实践及其案例，找出和谐思想在中国改革开放和对外关系中的体现和应用价值，探寻解决中国社会问题和国际关系问题的思路及启示。

第四，将太极哲学与马克思主义哲学进行比较，将阴阳辩证法与唯物辩证法进行比较，找出其相同点和不同点，研究两者的互补与融合。运用太极哲学世界观和阴阳辩证法的方法论分析批判西方"二元对立"斗争哲学的世界观、方法论，论证其对世界和平与社会发展的危害；运用和谐思想核心价值观批判"弱肉强食"、强权政治、霸权主义，分析其对国际关系的危害。在分析批判的基础上，进一步阐明和谐思想体系的世界观、方法论及核心价值观。

七、研究框架

第一章导论。主要阐述本书的选题背景与研究对象，此项研究的理论意义和现实意义、研究方法、研究路径与研究框架。

第二章文献综述。阐释中国学术界公开发表的关于中华优秀传统文化根本精神、和谐思想、太极哲学、阴阳学说及儒家核心价值观相关文献的主要观点，总结其贡献和不足，在此基础上，阐明本书的研究对象及其创新所在。

第三章和谐思想世界观——太极哲学。以《易经》《道德经》为蓝本，参考相关研究文献，提炼并阐明太极哲学世界观的基本原理，运用其基本原理分析中国对外关系和国际关系问题，提供解决问题的思路与方法。

第四章和谐思想方法论——阴阳辩证法。以《易经》《道德经》《黄帝内经》为蓝本，参考中医理论研究文献，提炼并阐明阴阳辩证法基本定律。运用阴阳辩证法定律分析中国改革开放和中国与欧盟关系的经典案例，探寻解决问题的思路和启示。

第五章和谐思想核心价值观——仁义礼智信。主要以《易经》《道德经》《论语》为蓝本，提炼和谐思想核心价值观仁、义、礼、智、信的基本内涵，考察其在中国对外关系中的体现。

第六章结论与启示。总结研究发现，厘清全书逻辑线索，阐明和谐思想对中国外交及国际关系的启示。

八、哲学方法与科学实证方法的区别与联系

中华传统文化和谐思想的太极哲学和阴阳辩证法属于哲学范畴的世界观和方法论。哲学世界观、方法论能不能用来分析国际关系问题？某些信奉科学实证主义学者的回答也许是否定的，在他们眼里，哲学、历史学不是科学，哲学方法和历史学方法也不是真正意义上的科学方法，大数据、数理统计等定量分析以及田野调查、案例分析等才是科学实证方法。所以，科学实证主义者注重大数据、数理统计、数学建模等定量分析，轻视甚至否定抽象思维的哲学方法和史实论证的历史学方法。

事物表面现象的背后都有其运作机制和规律。哲学是人类认识宇宙、自然和人类社会客观规律的思维体系，是自然科学和社会科学之母，哲学的世界观、方法论对于自然科学和社会科学研究具有指导意义。中华传统和谐思想的太极哲学和阴阳辩证法所依据的是人类已发现的自然与社会的规律及常识。笔者从中国古代经典著作中提炼归纳出来的太极哲学世界观基本原理和阴阳辩证法基本定律是中国古圣先贤发现的关于自然和人类社会的客观规律和法则。所以，运用和谐思想的世界观、方法论研究社会问题和国际关系问题，实质上是以客观规律或真理法则为指导分析现实问题，具有很强的指导性和实用性。

和谐思想的太极哲学世界观和阴阳辩证法虽然属于哲学世界观和方法

论，但它并不排斥采用历史学、政治学、社会学、心理学、人类学等社会科学研究方法分析问题，更不排斥采用大数据、数理统计、数学模型等定量分析方法开展实证研究。所以，和谐思想的世界观、方法论既有一定的包容性，又有很强的操作性，运用其基本原理和定律分析国际问题，既可以丰富国际关系理论研究，又是国际关系研究领域的一个创新。

第二章　文献综述

中国学术界出版和发表了许多研究中华优秀传统文化的著作和文章，本章主要阐述中国学术界已经发表的研究中华优秀传统文化根本精神和思维特征、和谐思想、太极哲学、阴阳学说、儒家核心价值观仁义礼智信等相关文献及主要观点。

一、中华优秀传统文化根本精神和思维特征

关于中华优秀传统文化根本精神，楼宇烈先生在《中国文化的根本精神》一书中将中华优秀传统文化的最根本精神归结为"以人为本"的人文精神，并将其视为中华优秀传统文化的一个最重要特征。他认为，"以人为本的中国文化是中华民族对人类的一项重要贡献。"[1] "中国文化的人文精神重点就在于人不受外在的力量、命运主宰，不是神的奴隶，而是要靠自身德行的提升。以人为本的人文精神的核心就是决定人的命运的根本因素是人自己的德行，是以'德'为本，而不是靠外在的'天命'，人不能成为'天命'（神）的奴隶。""中国文化中的以人为本是强调人的自我管理，是向内的管住自己，不仅要管住感官，更要管住心。人只有管住自己的心，才能管住自己的行为。""中国文化中另一个重要传统是'以天为

---

[1] 楼宇烈. 中国文化的根本精神［M］. 北京：中华书局，2016：46.

则'。……中国人非常强调以天地为榜样，向天地学习。……圣人的品德能够与天地相配，与天地一样高明博厚。从另一个角度来讲，人绝对不能去做万物的主宰，相反，恰恰是要向天地万物学习"。"很多人说中国的文化讲的是'天人合一'，其实，更准确地说应当是'天人合德'，即人与天在德行上的一致。"❶ 所以，楼宇烈认为，"在中国的传统文化中，一方面强调人不能做神的奴隶，也不能做物的奴隶，而要做人自己，保持人的主体性、独立性和能动性；另一方面强调人也不能狂妄自大，不要去做天地万物的主宰，反而要虚心地向天地万物学习，尊重、顺应自然，'以人为本'的人文精神与'道法自然''天人合一'思想的结合，保证了中国文化中的人本主义不可能异化为'人类中心主义'。"儒家认为，"社会的人重于个体的人，个人服从社会是天经地义的事，因而着重强调个人对于社会的责任和义务。"❷

楼宇烈先生将中华传统文化的根本精神概括为"以人为本"的人文精神，把"以天为则"作为中华人文精神的优秀传统，可以说是抓住了中国文化精神的本质。两千多年前，孔子的《论语》提出的"仁、义、礼、智"，其宗旨就是"以人为本"，孟子更是直言"民为本，社稷次之，君为轻"。老子的《道德经》则倡导"人法地，地法天，天法道，道法自然"，强调人们要遵守天道、地道和人道，按照客观规律做事。这种朴素唯物主义思想使中国老百姓较早地摆脱了宗教神学的统治，使中国传统文化很早就打上了"以人为本"的烙印。也是中华文化几千年绵延不绝的根本原因。

在肯定中华传统文化"以人为本"根本精神的同时，楼宇烈先生也指出了儒家思想存在的一些消极成分，他指出，"从总体上来说，儒家名教是轻视个人利益，抑制个人意志自由发展的。这方面的片面性，也正是儒

---

❶ 楼宇烈. 中国文化的根本精神 ［M］. 北京：中华书局，2016：55.

❷ 楼宇烈. 中国文化的根本精神 ［M］. 北京：中华书局，2016：57－58，194.

家名教理论不断遭到反对和批判的原因。"❶ 儒家思想注重道德修养，强调以民为本，家国同构，家庭是社会的基本单位，但却忽视个人自由和个人权利，这是需要思想革新和与时俱进的。

关于中华传统文化思维特征。陈松川认为，中国传统文化有四大思维特征：整体性思维；非宗教性的世俗思维；伦理道德思维；内向性思维。这四大基本思维形成了中国传统文化的基本世界观规范着中国上至政治决策者下至普通百姓观察世界、处理问题的路径选择。"天人合一"是整体性思维的主要体现，"一阴一阳谓之道"，二者之间相互适应、相互转化、相倚相生、和谐统一，这种世界观深刻地体现出中国文化"求同""尚合"的精神本质。在中华传统文化的意识里，认为寓含着对立、静止的"争"，是对其所崇尚的秩序的冲击，不符合整体的利益。秩序需要的是整体的和谐统一，在这个和谐的统一中，个体要服从集体，集体要服从国家，最终形成中国文化顾大局的传统。整体性思维使中国人更长于从宏观的战略高度来思考和处理问题，而不拘细节。包容体现的是一种强大后的自信，是一种共同发展繁荣的胸襟。❷

叶自成通过解读《易经》，将易经思维归纳为：首先强调事物的整体性、统一性、综合性，然后才是分成各部分来分析。在社会与自然界的关系上，易经思维强调两者的统一性，它们是构成世界的两个不可分割的组成部分。它不仅强调人类的产生、发展离不开自然界，人类社会是自然界的组成部分，而且强调人类社会又是不同于天道和地道中的独立的一类，即人道。人能通过学习、观察不断主动地发展和提高自己。❸

曹亚芳、张义明在《论中国传统文化的和谐辩证法思维——兼论当代中国构建和谐社会的哲学基础》一文中指出，"中国传统文化用'人与天

---

❶ 楼宇烈. 中国文化的根本精神［M］. 北京：中华书局，2016：195.

❷ 陈松川. 中国对外关系需要彰显文化内涵［J］. 当代世界，2013（7）：72－75.

❸ 叶自成. 易经思维与国际关系研究中的几个问题［J］. 学习与探索，2009（5）：133.

地万物为一体'来看待人与自然的关系，把人类社会和自然看作是一个有机整体，最典型地表现了中国传统文化整体系统化的思维方式。在这一思维框架中，道、气、太极、理是表现整体或全体的基本范畴；阴阳、五行、八卦等则是这一整体的基本构成要素，整个世界就是由其基本要素构成的、具有自组织的有机整体。""'天人合一'是这种整体思维的根本特点，它不是自然机械论或因果论，而是有机生成论和目的论，即把人和自然界看作一个互相对应的有机整体。"整体思维"强调事物运动变化的基本方向是使事物之间趋向互相依赖、互相生发的有机统一的和谐状态，强调事物的最终走向是和谐，不是对立和斗争。它自然而然地体现了注重综合的特质，追求人自我内心的和谐，人与人的和谐，人与自然的和谐。"❶

上述学者从不同角度阐述了中华优秀传统文化的思维特征，都承认整体思维的基本特征，并认为这种整体性思维特征对于宏观思维、战略思维、定性分析有很大的益处。与此同时，有学者也认识到只强调整体利益，不考虑局部利益，只强调集体利益，不考虑个人利益，只注重宏观，不注重微观，只重视抽象，不研究细节的整体思维有一定的缺陷和局限性，这是中国传统文化重伦理道德，轻自然科学，重"大一统"，轻个人权利的思想根源之一。

二、关于和谐思想的研究

1. "和谐"一词的由来

孙延龄在《和谐思维的辩证法》一书中梳理了"和谐"一词的由来。他认为，春秋时期史伯用"和实生物"，晏婴用"相成""相济"，对在差

❶ 曹亚芳，张义明. 论中国传统文化的和谐辩证法思维：兼论当代中国构建和谐社会的哲学基础［J］. 广西师范学院学报：哲学社会科学版，2006（1）：149 - 152.

异中追求和谐的要求做了朴素辩证法的表述。儒家创始人孔子提出"中""和""礼为用，和为贵"，把和谐规定为"执两用中"的中庸之道。后来《中庸》称"中"为"天下之大本"，"和"为"天下之达道"，"致中和，天地位焉，万物育焉"。孟子提出了"地利不如人和"的和谐思想。《易传》把阴阳之和定为宇宙图景的理想境界，完成了先秦儒家中庸思想和谐思维的抽象哲学概括。西汉时期，董仲舒进一步将这种和谐要求推广到主体的外在活动方面，提出"天地之美，莫大于和"，崇尚人与自然的和谐，构建了"天人合一"的宇宙图式。宋明理学，更进一步强调将这种和谐性追求推广到主体的道德修养之中，它要求在道德情感、道德体验中实现人道与天道的统一。它以物我和谐为目标，以人我和谐为手段，以自我和谐为基础，把和谐思维整合为一个体用结合、紧密联系的有机整体，从而完善了更大范围的理论体系的构建。❶

张立文的著作《和合学——20世纪文化战略的构想》将和合与和谐视为同义词，并采用和合来表达和谐。该书梳理了和合的含义及其在中国古代至明清诸多典籍中的表达。张立文先生认为，殷周时期，和与合是单一概念。和是对如何处理社会、人际关系诸多冲突现象的认知。只有自身、家庭都和睦相处，才能治理一邑的政事。和被作为天的意志而赋予特殊地位，也是为消除殷人不满之心，稳固周王朝统治的政治需要。《尚书》合有相和、符合意思。合指会和、聚合。春秋时期，和合二字并举，构成和合范畴，是人们对社会生活各个层次、各种冲突现象和谐的认知的提升，也是对自然现象、社会现象后面是什么状态的探索。❷"《国语·郑语》记载西周末年史伯论和同，他批评周幽王摒弃明智有德之臣和贤明之相，而宠爱奸邪昏庸、不识德义的人，认为这样做是：去和而取同。夫和实生物，同

---

❶ 孙延龄. 和谐思维的辩证法［M］. 长春：吉林出版社，2006：16.

❷ 张立文. 和合学——20世纪文化战略的构想：上卷［M］北京：中国人民大学出版社，2016：311－312.

则不继。以他平他谓之和。故能丰长而物生之，若以同裨同，尽乃弃矣。"❶
基于对宇宙自然、社会政治、人际事物诸多冲突融合现象的理性探索，
《国语·郑语》提出了"和合"的概念，张立文将和合概念加以深入阐释，
认为，"和合是指自然、社会、人际、心灵、文明中诸多元素、要素相互
冲突、融合，与在冲突、融合的动态过程中各元素、要素和合为新事物、
新生命的总和。"❷ 和合"即和合父义、母慈、兄友、弟恭、子孝等伦常和
道德规范，使百姓都能保养和实行。'和合'概念的提出，不仅被各家所
认同，而且对中国文化产生了深远的影响。"❸"和合不仅是天地万物产生
的根据和纷纭复杂事物现象后面的存有，而且是社会主体政治、道德、艺
术、日用交往活动的准则、原则、原理和主体人的心理感受、情感愉悦、
身心协调的尺度。"❹ 在 21 世纪，人类共同面临着许多冲突和挑战。即人
与自然的冲突、人与社会的冲突、人与人的冲突、心灵的冲突、文明的冲
突。张立文的和合学提出了五大文化原理，即五大中心价值，以回应五大
冲突。它们是：和生原理、和处原理、和立原理、和达原理、和爱原理，
以此作为化解人类所共同面临的五大冲突之道，以实现和合的境界。❺

2. 和谐的内涵

彭燕韩在《国学精华与辩证法之"和谐对立交替律"》一文中梳理了
中国古代思想家对和谐一词的理解，指出，中国古代哲人认为，和谐是事

---

❶ 张立文. 和合学——20 世纪文化战略的构想：上卷［M］北京：中国人民大学出版社，
2016：313 - 314.
❷ 张立文，和合学——20 世纪文化减略的构想：上卷［M］. 北京：中国人民大学出版社，
2016：自序 3.
❸ 张立文. 和合学——20 世纪文化战略的构想：上卷［M］. 北京：中国人民大学出版社，
2016：314.
❹ 张立文. 和合学——20 世纪文化战略的构想：上卷［M］. 北京：中国人民大学出版社，
2016：323.
❺ 张立文. 和合学——20 世纪文化战略的构想：上卷［M］北京：中国人民大学出版社，
2016：80.

物存在的"最佳状态"。和谐在一定条件下也是发展的动力，它是发展过程中重要的且不可缺少的。"和"是万物生长发育的依据。《国语·郑语》提出"和实生物"，认为不同因素的统一，才能使事物得以产生和发展。《礼记·乐记》曰："和，故百物皆化。"《淮南子氾论训》："天地之气，莫大于和。和者，阴阳调，日夜分而生物。"北宋张载的《正蒙·诚明》曰："和则可大，乐则可久，天地之性，久大而已矣。"❶彭燕韩认为，从古代哲人的叙述可以看到，"和"是事物"存在的最佳状态"，如人与人之间的亲密合作，国与国之间的相互支持、互利共赢，因此"和谐"也是发展前进的一种动力。但是，彭燕韩指出，中国国学中的"和"并不否认其中包含矛盾的存在。"和"的理念是以利他主义为基础的，是中国尧舜社会相传，是当今西方伦理观、价值观所不具备的。"和"是《尚书》治国安邦的理念，"民惟邦本，本固邦宁"。"民为贵，社稷次之，君为轻"。儒家最高的社会理想是"天下为公""世界大同"。儒家"和"理念，主张"天人合一"，人与自然和谐。"和谐"指天道与人道、自然与人为相通，正如《中庸》所曰："能尽人之性，则能尽物之性；能尽物之性，则可以赞天地之化育；可以赞天地之化育，则可以与天地参也。"庄子认为，天与人原本就是合一的。《庄子·齐物论》："天地与我并生，而万物与我为一"。西汉董仲舒："天人之际，合而为一"等等。都力图探索天与人的相通，天与人的协调与一致。儒家认为："和谐"是发展的动力。"和实生物，同则不继"，"家和万事兴"。大同世界由于"讲性修睦"而兴旺。和谐与对立，表现为交替式的阶段性发展；矛盾斗争的结果，必然要出现"相对平衡"与"相对和谐"的发展阶段，在此基础上潜藏着新的矛盾与斗争，直至爆发，打破暂时和谐的局面。矛盾是事物发展的根本动力，和谐是发展的第二动力、相对动力。和谐与矛盾两种动力在不同阶段交替作

---

❶ 彭燕韩. 国学精华与辩证法之"和谐对立交替律"［J］. 福建论坛：人文社会科学版，2012（5）：77.

用。"和"与"斗"这两个范畴是相辅相成，交相辉映的。"和中有斗""斗中有和"。而"斗"的宗旨是为了在新的更高的基础上实现"和"的局面。❶

孙延龄的著作《和谐思维的辩证法》论述了和谐的内涵，认为"和谐是事物组成各方面、各要素的多样性共荣、协调统一、均衡稳定、按规律运行有序的最佳状态。和谐思维的哲学建构，就是关于和谐的价值、内涵以及和谐的存在状态及其发展规律哲学认识的理论体系。"❷ 和谐思维的哲学基本架构具体可以归纳为以下几个方面：第一，和谐是事物的多样性共荣。和谐是指不同事物之"和"，"和而不同"，即多样性的共荣。坚持多样性共荣的和谐思维，就要树立多维性、多视角、全方位、统筹兼顾的全面性思维方式。第二，和谐是事物矛盾的协调统一。处理非对抗性矛盾，就要树立求同存异、相容共处、协调合作、以和为贵的思维方式，防止和克服对立求异、冲突斗争、征服占有、斗争哲学的思维方式。第三，和谐是事物的均衡稳定。均衡也称平衡，它是事物组成的各方面在一定比例下结构有序的稳定状态。均衡态也即是一种和谐态。坚持和谐思维，就要树立"执两用中"、把握平衡、在稳定中求发展的思维方式，防止和克服偏激极端的思维方式。和谐思维要求建立博弈平衡的机制，从而能够协调各方利益，使大多数人能够分享改革成果，达到化解矛盾、政通人和的目的。所以，和谐的社会必须建立公平公正均衡稳定的利益分配格局。"执两用中"就是在"过"和"不及"中寻找平衡点。"执两用中"并不是"二一添作五""半斤对八两"的折中主义，而是在事物的两方面或两极中，寻找恰当准确的平衡点，保持事物的平衡，这恰恰是解决矛盾的一种圆满办法。第四，和谐是事物按规律运行有序。组成事物的各方面、各要素，关系协调统一、结构均衡稳定、按照一定的规律有序运行，才能构成

---

❶ 同上，77 – 79.
❷ 孙延龄：和谐思维的辩证法［M］. 长春：吉林出版社，2006：4.

和谐的统一体。符合规律，就会和谐；不符合规律，就不会和谐。第五，和谐是事物存在和发展的最佳状态。最佳状态不仅应该是量的最佳状态，也是质的最佳状态。质的最佳状态，可以称作最佳质，或者最优质。最优质的评价既有适合人们主观需要的价值标准，也有客观的真理性标准，这两方面的标准统一于社会实践。❶

孙延龄总结到，中国古代的和谐思想主要体现在三个方面："一是崇尚个人自身内在的和谐，并把这种和谐定格在道德修养上；二是崇尚人类自身的和谐，并把这种和谐落实到礼治秩序上；三是崇尚人与自然的和谐，并把这种和谐提升到'天人合一'的高度，倡导个人与人类社会、宇宙万物的交融合一、协调发展。……它显示了中华民族包容宇宙的宽广胸怀中的祥和大度和辩证思维的智慧。"❷

全拯在《〈周易〉的辩证法思想与和谐社会建设的文化心理基础》中分析了《周易》中的和谐理念，指出，"《周易》中的整体论观点是追求和谐的宏观理论基础，《周易》中的矛盾的对立统一、相反相成思想是关于和谐的最早也是最具体的表述，《周易》中关于运动变化发展的观点则是我们今天正确理解和建设和谐社会的哲学基础。""崇尚和谐的思想是《周易》哲学的精髓，也是中华文化的灵魂。……成为中华民族克服各种社会矛盾、不断走向统一与和谐的重要哲学基础。"❸

3. 和谐思想对当今中国对外关系的影响

陶季邑在《中国传统文化中的和谐思想对当今中国外交的影响》一文中指出，中国传统文化中的和谐思想有助于当今中国外交政策以"维护世

---

❶ 孙延龄. 和谐思维的辩证法［M］. 长春：吉林出版社，2006：4－14.
❷ 孙延龄. 和谐思维的辩证法［M］. 长春：吉林出版社，2006：16.
❸ 全拯.《周易》的辩证法思想与和谐社会建设的文化心理基础［J］. 河南社会科学，2007（2）：83，84.

界和平"和"促进共同发展"为宗旨,以"共建和谐世界"为目标。中国传统文化中的和谐思想有助于当今中国外交坚持在和平共处五项原则基础上同世界各国建立和发展友好合作关系,尤其是"善待友邦""睦邻友好"。中国传统文化中的和谐思想有助于当今中国在对外关系中倡导通过协商和平的方式解决国际纠纷和争端,中国政府一直认为,国家不分大小、强弱、贫富,都是国际社会的平等主体。国与国之间应通过协商和平解决彼此的纠纷和争端,不能以任何借口干涉他国内政。中国从不把自己的社会制度和意识形态强加于人,也决不允许别国把他们的社会制度和意识形态强加于中国。中国传统文化中的和谐思想有助于当今中国实行全方位的对外开放政策,在平等互利原则的基础上同世界各国和地区广泛开展贸易往来、经济技术合作和科学文化交流,促进共同繁荣。当今中国外交方面批判性地继承了中国传统中的和谐思想,并根据当今时代特征和国际形势予以发扬光大。当今中国在对外关系中全力维护事关国家和民族根本利益的原则,如,决不允许别国干涉中国统一。同时,在处理具体问题时也有适当的灵活性,将原则性与灵活性高度结合,刚柔并济。当今中国对外关系不仅体现时代发展的进步精神,而且有着中华文明的深厚根基,具有五千年悠久历史的中国传统文化是当今中国对外关系取之不尽的智慧源泉。显然,当今中国对外关系带有中国特色,鲜明地打上了中国传统文化的烙印。❶

邢丽菊在《从传统文化角度解析中国周边外交新理念——以"亲、诚、惠、容"为中心》一文中分析了中国奉行的"亲、诚、惠、容"周边外交新理念的传统文化根源。指出,这四字箴言反映了中国传统文化的关联性思维

---

❶ 陶季邑. 中国传统文化中的和谐思想对当今中国外交关系的影响 [J]. 新疆大学学报:哲学人文社会科学版,2008(2):95 – 99.

和交互性伦理，体现了中华民族追求实现和谐共存、和平发展的梦想。❶

刘杨钺在《从"三个世界"到"和谐世界"——浅析中国外交思想的新演变》中指出，中国传统外交哲学以"和"为重心，正所谓"协和万邦""以和为贵""和为贵，先王之道，斯为美""和而不同"。"和谐"的观点实质上代表了和平与发展的辩证统一关系，只有将和平与发展统一起来，相辅才能相成。"和谐"的思想就是在外交中坚持多边主义，运用多元的制度结构化解国际矛盾，寻求共同安全。❷

三、关于太极哲学的研究

太极哲学概念的是美籍华人成中英先生提出的。第一部以"太极哲学"作为书名的作者是中国大陆学者杨成寅先生。杨成寅先生采用成中英先生提出的太极哲学概念，出版了《太极哲学》和《成中英太极创化论》等书。

杨成寅在《太极哲学》一书中梳理了中国古代思想家对太极阴阳的认识。他认为，老子的《道德经》解释了宇宙的起源。"太极元范畴在太极哲学中概括的是实有宇宙万物的终极的统一本体和生化运动的根源与规律。太极哲学认为，实有宇宙万物及其结构关系都处在生成、运动、发展、变化和消亡另一生成阶段的无止境的过程中。"❸"太极哲学认为宇宙万物的运动、生化、发展植根于阴阳的对立统一、相克相生的程序中。……'一阴一阳之谓道''生生不息'正是太极元范畴关于宇宙万物运动过程的根

❶ 邢丽菊. 从传统文化角度解析中国周边外交新理念：以"亲、诚、惠、容"为中心［J］. 国际问题研究，2014（3）：9-20.

❷ 刘杨钺. 从"三个世界"到"和谐世界"：浅析中国外交思想的新演变［J］. 理论观察，2007（4）：44-45.

❸ 杨成寅. 太极哲学［M］. 上海：学林出版社，2003：2.

源和规律所要概括的内涵。"❶ 三国及北宋时期的思想家王弼、阮籍、张载、邵雍阐述了对太极和无极的认识，周敦颐的《太极哲学要义》阐释了太极哲学的基本内涵，他的《太极图说》把太极阴阳凝练成阴阳鱼球图，使太极哲学呈现出形象生动的具象图示，大大推进了太极哲学的传播和应用。明朝的朱熹和来知德对周敦颐的太极图进行了深入细致的解读，形成了太极哲学的思想体系。

於世海、殷雪善在《太极文化研究之古代太极哲学含义的流变》一文中总结了先秦各家各派思想家对太极的认识，指出，儒家看到了太极的乾坤二卦，提出"中庸和谐"，并赋予太极"阴阳和谐"之意；道家看到了太极的宇宙生成，提出了"天道无为"，又添加了太极"混沌虚实"之意；名家看到了太极同异辩证，提出了"名"与"实"关系，又给予太极"同一而异"的解释；墨家看到了太极的阴阳调和，提出了"兼爱""非攻"，后来又增添了太极"调和转化"之意；法家看到了太极的爻卦分明，提出了"术、法、势"理论，丰富了太极"阴阳对立"之意；阴阳家看到了太极的五行八卦，提出了"阴阳五行"学说，阐释了太极"相生相克"的含义。最后，百家之意的"太极"融入解释《易经》的作品——《易传》之中，出现了"易有太极，是生两仪，两仪生四象，四象生八卦。八卦定吉凶，吉凶生大业"一句名言。❷

在总结道家、儒家、墨家、法家对太极哲学所做贡献的基础上，於世海、殷雪善又梳理了秦汉以后太极哲学思想的发展，指出秦汉时期是太极宇宙生成论的开端，其中最为突出的就是老子的"混沌元气"体系的完成和演变。《吕氏春秋》和《鹖冠子》借用了《易传》的乾坤结构以及《老子》的混沌体系，设定出一个先于天地的"元气"之说。《淮南子》则承

---

❶　杨成寅. 太极哲学 [M]. 上海：学林出版社，2003：3.
❷　於世海，殷雪善. 太极文化研究之古代太极哲学含义的流变 [J]. 体育世界（学术版），2019（12）：87.

袭混沌元气的思维，认为太极就是"元气"，是万物混沌之初所在，定型了"混沌元气"学说。汉末，《乾凿度》结合"混沌元气"，又添加了高于"太极"的"太易"一词，认为万物是"太易—太极—混沌—万物"的生成关系，故太极的内容也更加复杂。太极的"道"性在汉代成为基调，并在后期结合了儒、释、道三教之风，具有了更多的文化色彩和内涵。在魏晋玄学影响下，太极的含义由原来的道家、易学逐步向玄学发展。王弼衍生出了"无"的理论构建。宋朝，太极最大的变化在以下两点。其一是周敦颐创太极图，并著《太极图说》；其二是太极与理学结合，"太极"既不是宇宙产生出的"混沌元气"，也不是"忽而自生"的本体所在，而是等同于"天理"的世界道理和法则。周敦颐根据秦汉以后的宇宙发生论创制出太极图。至此，"太极"由抽象变为具象，并被广泛使用。程颢和程颐结合了理学"天理"的核心思想，将"太极"与儒家的伦理序位联系，认为太极在"天理"之中，"理"为世界核心、宇宙之源。朱熹结合周敦颐、张载以及程颢、程颐等人的思想，理清了太极与"元气""天理"的关系，认为"理"是万物的本源，"太极"就是"理"。"太极"产生"阴阳二气"，"气"的浮动交融形成了世间万物。太极的"儒"性也是在该种文化高地的限制下，摆脱了原有的"道"的思考，在明清之后逐渐转向关于"理""气""性"的思考探索。❶

　　赵指南、原淳淳、李其忠在《中华传统文化视野下的太极哲理研究》中梳理了中国历代相关典籍，研究了中华传统文化视野下太极哲理的发展脉络，理清了其与历代主流哲学派别的渊源。该文认为，"太极"一词出现于《庄子》，而《易经》初萌哲学概念。太极哲理，秦汉以元气论之，魏晋崇尚贵无论，唐时期趋于丰富，宋金元发展至多元，明清则涉及天道本体及心学，近现代重视对文化内涵的归纳、整理。太极哲理以气论为基

---

　　❶ 於世海，殷雪善. 太极文化研究之古代太极哲学含义的流变［J］. 体育世界：学术版，2019（12）：87，85.

石，阴阳为核心，五行为属性，太极图为直观表现，并深受儒释道影响。❶
经过中国历朝历代思想家的阐释和补充，"太极"才逐渐成为公认的宇宙
生成论的本原。

关于太极哲学的内涵，刘远东先生在《太极辩证法——现代太极哲学
的构建》一书中指出，"太极哲学是包含本体论、方法论及哲学价值观在
内的完整哲学体系。"❷ 就宇宙起源的本体论而言，老子在《道德经》中提
出了著名的关于"道"的二十五字经："道生一，一生二，二生三，三生
万物。万物负阴而抱阳，冲气以为和。"老子把阴阳提升到哲学基本范畴
的高度，把阴阳作为事物普遍的属性来认识，第一次在哲学本体论意义上
运用阴阳概念，此后，阴阳成为一个重要的哲学范畴，成为中国传统辩证
哲学的理论基础和重要命题。❸ 老子的《道德经》开创了用"道"和阴阳
对立统一解释宇宙起源的先例。而中国古代经书《易经》和孔子及其弟子
解释《易经》的《易传》则发展了太极哲学的辩证法思想。"《易传》在
《系辞传》中，提出了一个著名的辩证纲要：'易有太极，是生两仪，两仪
生四象，四相生八卦。'又说：'一阴一阳之谓道'。这两段话，二十五个
字，与老子辩证纲要巧合，字数相同。……《易传》从《易经》那里汲取
'易'的辩证模式作为本体论的基础，并创造性地提出了'太极'这一本
体概念。……《易传》全面吸收了老子的阴阳思想，将阴阳提升到一个
更普遍、更基本，也更高的哲学地位，是一切事物的本原，使它成为中
国传统辩证哲学对立范畴的核心概念。……阴阳不仅具有本体的意义，
还成为认识论的方法，它被全面地运用在以太极为本体的辩证哲学体系
的各个方面。"❹

---

❶ 赵指南，原淳淳，李其忠. 中华传统文化视野下的太极哲理研究 ［J］. 中医药文化，
2019 （4）：14.

❷ 刘远东. 太极辩证法：现代太极哲学的构建 ［M］. 北京：九州出版社，2018：序前 iv.

❸ 刘远东. 太极辩证法：现代太极哲学的构建 ［M］. 北京：九州出版社，2018：8－9.

❹ 刘远东. 太极辩证法：现代太极哲学的构建 ［M］. 北京：九州出版社，2018：13.

吴雄文、李小燕的文章《论太极哲学中"有"和"无"的思想》认为，老子在《道德经》中讲："有物混成，先天地生。"也就是说早在宇宙天体出现之前，已经有"物"先形成了，而这个所谓的"物"所指的就是"太极"。"太极生两仪"，两仪喻为阴阳、虚实、天地、乾坤、有无、动静。太极产生出"阴阳"，"阴阳"二气生五行，"金木水火土"五行之精气滋生万物。从太极哲学的角度出发，万物都客观存在于宇宙之中，是真实存在的，"实有"的。这个"实有"是客观现实的，不以人的意志和意识而转移。但是，这种"实有"也不是绝对的，因为，万物都处于产生—发展—消亡这个周而复始、相互转化的无穷无尽的过程。"有"和"无"都不是纯粹的"有"，也不是纯粹的"无"。宇宙万物气化流行、生生不息，有其多样性、单一性，有其相似性也有其差异性，可谓"同中有异，异中求同"。它在生长和发展的运动、变化过程中又暗含着灭亡。所以说"有"和"无"是宇宙万物的两种状态，两者通过彼此互动揭示了有和无之间相反、相异、相同、相合、相成、相克的哲理；反映了事物的生成、创造、发展、变异、消亡之间的微妙关系。太极哲学中"有"和"无"代表了宇宙万物发展普遍性和发展规律。❶

史幼波在《新儒学的开山之作：史幼波〈周子通书〉〈太极图说〉讲记》一书中解读了《太极图说》，认为《太极图说》从本体论的角度阐释了宇宙的起源，本体论就是阴阳，"阴阳是太极所变化出来的，但实际上，太极是无时不变的，它从来就没有一个静止的时候。它是生生不息的，从来没有一个起点，也没有一个终点。❷

上述研究文献都从本体论即宇宙起源和世界本原的角度探究了太极哲

❶ 吴雄文，李小燕. 论太极哲学中"有"和"无"的思想 ［J］. 民族传统体育，2017（19）：186－188.

❷ 史幼波. 新儒学的开山之作：《周子通书》《太极图说》讲记 ［M］. 北京：中华工商联合出版社，2016：290.

学的内涵。指出太极哲学揭示了宇宙从无极到太极再到万物产生、运动演化的过程。太极产生阴阳，太极哲学就是研究宇宙万物阴阳运动变化的学说，"阴阳"二气运动变化创生五行，"金木水火土"五行运动变化滋生万物。

自春秋战国以来，中华文明较早地摆脱了宗教神学的统治，产生了太极哲学的朴素唯物主义世界观，这种朴素唯物主义世界观影响了两千多年来的中国思想界，也影响了中国老百姓的日常生活，渗透于中国传统医学、建筑学、园林学、风水学、文学艺术、绘画雕塑等各个领域，太极哲学至今依然潜移默化地影响着中华民族。

四、关于阴阳学说的研究

商曼、郭阳在《从〈礼记〉看古代阴阳辩证法思想》一文中指出，中国古代"阴阳辩证思维方法"发迹于殷商时期，在春秋战国时期得到了很大的发展。阴阳辩证思维方法即是春秋战国诸子思想的思想背景，更是礼学思想的哲学源头。先秦文化中无不渗透着中国古代阴阳辩证法思想。阴阳辩证思维方法是整个诸子思想共同的"思想律"。这种"思想律"统治了中国的整个哲学思维足足几百年没有被打破，直到现今其影响依然存在。❶

陈爱平、于忠伟、安贵臣在《儒道"阴阳和合"与佛教"因缘和合"比较》一文中指出，先秦文献中，目前所知最早的"阴阳"论述出自《国语》卷一。老子的《道德经》有"阴阳"意识。中国古代系统的"阴阳"观念出自《易经》中的《易传》。《易传》中的《系辞》（上、下）和《说卦》中提到一些"阴阳"原则性的理论，如《系辞》（上）曰："一阴

---

❶ 商曼，郭阳. 从《礼记》看古代阴阳辩证法思想 [J]. 黄河之声，2012（15）：116.

一阳之谓道，继之者善也，成之者性也。"《系辞》（下）曰："乾，阳物也。坤，阴物也。阴阳合德，而刚柔有体。以体天地之撰，以通神明之德。""是以立天之道，曰阴与阳，立地之道，曰柔与刚。"战国末期的阴阳学说除了见于《易传》，还有邹衍的阴阳学，可惜邹衍的阴阳学没有完整地传下来，只有零散言论被其他著作引用。汉朝的刘安、董仲舒发展并完成了阴阳学说。《淮南子》一书中有刘安门客的思想，其阴阳学说思想更倾向于道教，而董仲舒的《春秋繁露》一书阐述的阴阳学说比较完整系统，并与儒家学说完美结合。从西汉初年开始，阴阳学说在儒、道之间开始分流，道教学说大谈阴阳养生、阴阳炼丹、阴阳疗养，为各个领域所吸收。从汉朝到宋朝，阴阳学说并无特别的变化。"阴阳和合"是宋朝时期哲学体系的一个重要概念，在这个时期，"天""道""理"与"阴阳"之间的关系有了清晰的叙述。周敦颐、张载、程颢、程颐、朱熹等是阴阳学说的集大成者。周敦颐的《太极图说》讨论的是世界终极问题"太极"、"无极"，所使用的是阴阳五行原理，其终极概念"太极"来源于儒教，其"无极"的概念来源于道教，其阴阳五行等概念则是儒道兼采。文本上主要来源于《周易》《道德经》等。周敦颐完成了《太极图说》。朱熹的阴阳和合理论，尤其是他的《太极图说解》，是对周敦颐学说的改造和提升，将周敦颐的宇宙生成论改造为宇宙本体论。❶

乔小燕在《〈黄帝内经〉中的阴阳思想》一文中指出，战国晚期集百家之大成的荀子，也曾讲过阴阳，他写道："列星随旋，日月递炤，四时代御，阴阳大化，风雨博施，万物各得其和以生，各得其养以成。（《荀子·天论》）他把阴阳的作用看成自然界变化的重要根源之一。"❷汉代《黄帝内经》则继承了前代学者的阴阳思想，并进行了更高程度的抽象

---

❶ 陈爱平，于忠伟，安贵臣. 儒道"阴阳和合"与佛教"因缘和合"比较［J］. 台州学院学报，2018（4）：8 – 12.

❷ 乔小燕.《黄帝内经》中的阴阳思想［J］. 华夏文化，2018（4）：11 – 12.

和概括。在宇宙论方面,《黄帝内经》提出阴阳是宇宙的总规律。"阴阳者,天地之道也,万物之纲纪,变化之父母,生杀之本始。(《素问·阴阳应象》)"●《黄帝内经》认为阴阳存在于宇宙万物中,阴阳二者不可割裂,阴阳之间可以互相转化,阴阳所代表的事物发展到极致必然向相反的方面转化,如《黄帝内经·素问·六元正纪》所言"动极复静,阳极反阴"。《黄帝内经》把自然界纷纭众多的事物和现象归纳成为阴阳两大类,将阴阳看作是最普遍、最本质的存在,阴阳成为宇宙万物运行的总规律,这是中国古代对宇宙运行和万物生成认识的重要推进。●

乔小燕在梳理阴阳思想的同时,指出了阴阳学说的局限性。认为,受当时生产水平的限制,没有以严格实验为依据的自然科学,这就导致阴阳学说无法超出直接观察的广度和深度,不具备严格科学的表现形式,在很大程度上带有猜测的成分。《黄帝内经》夸大了阴阳的适用范围,把一切问题都归结为阴阳的平衡与变动的观点值得进一步反思批判。●

关于阴阳辩证法的内涵。肖飞在《中医学和现代医学间的哲学桥梁》一文中指出,阴阳普遍存在于一切事物和现象的发展变化过程中,而且,这一过程始终存在阴阳的相互作用,这就是矛盾的普遍性。在不同的事物和现象中,阴阳的性质和形式是不同的,各有特点,这就是矛盾的特殊性。根据阴阳学说,阴阳是无限可分的,阴可分为阴中之阴和阴中之阳,阳可分为阳中之阴和阳中之阳,而且可以无限分解下去。中国古人强调"中庸之道"与"适可而止"。中庸之道在这里并非简单地等同于中间,而是能够保持阴阳平衡的主动的、非被动的路线。区分阴阳的目的是认识阴阳的平衡,而且应该保持在一定的范围。作为哲学的五行,其目的不在于把客观世界的物质和现象划分为五种简单类型,而是揭示了世界的普遍联

● 乔小燕.《黄帝内经》中的阴阳思想 [J]. 华夏文化,2018(4):12.
❷ 乔小燕.《黄帝内经》中的阴阳思想 [J]. 华夏文化,2018(4):13.
❸ 乔小燕.《黄帝内经》中的阴阳思想 [J]. 华夏文化,2018(4):13.

系。从某种意义上说，阴阳学说解释了事物的起源与发展动力，五行学说解释了事物和现象的结构，无论是阴阳还是五行，都强调它们之间的相互联系、相互作用，都是在相互运动中维持一种动态的平衡。这种相互作用的永恒性，决定了运动和发展的永恒性。❶

全拯在《〈周易〉的辩证法思想与和谐社会建设的文化心理基础》一文中指出，"阴阳合德是天下事物存在最根本的方式。阴中有阳，阳中含阴，孤阴不生，独阳不存，一方的存在以另一方的存在为前提，没有单独的阴，也没有单独的阳。阴阳永远处于相互联系、相互补充、此消彼长的均衡互补之中。这实际上意味着虽然宇宙万事万物各有差异、相反相争（即具有斗争性），但主要的方面却是相资相济、相生相灭的，这种状态即是'和'"。❷

郑洪新的著作《中医基础理论》将阴阳学说的基本内容概括为阴阳对立、阴阳互根、阴阳消长和阴阳转化四个方面。阴阳对立是指自然界一切事物和现象都存在着阴阳这两个相互矛盾、相互对立的方面。阴阳互根是指阴阳这对矛盾的对立面又是互相依存的，任何一方都不能脱离另一方而单独存在。阴阳消长是指阴阳之间的对立制约、互根互用并不是一成不变的，而是始终处于一种消长变化的过程中，阴阳在这种消长变化中达到动态平衡。这种消长变化是绝对的，而动态平衡是相对的。阴阳转化揭示了阴阳双方在一定的条件下还可以互相转化。阴阳消长是一个量变的过程，而阴阳转化则是质变的过程。阴阳消长是阴阳转化的前提，阴阳转化则是阴阳消长发展的结果。❸

祝世讷在《对阴阳学说的五点新认识》一文中概括了阴阳学说的五条

---

❶ 肖飞. 中医学和现代医学间的哲学桥梁 [J]. 中国中医药现代远程教育，2019（14）：22 – 25.

❷ 全拯.《周易》的辩证法思想与和谐社会建设的文化心理基础 [J]. 河南社会科学，2007（2）：84.

❸ 郑洪新. 中医基础理论 [M]. 10 版. 北京：中国中医药出版社，2016：24 – 30，31 – 34.

原理，指出，阴阳学说的"深层内核"内容十分丰富，最为重要或基本的，可概括为五条原理："太极"宇宙本原观；"一生二"的发生观；"二生三"的发展观；"阴阳自和"的有序观；本于"一"的元整体观。阴阳学说与自然科学特别是其最新发展高度一致。阴阳学说所研究的阴阳现象和规律是自然界普遍存在的，是哲学和科学的共同研究对象。阴阳学说关于宇宙本原、万物发生和发展、世界秩序等的认识是其"深层内核"，已经被现代科学的最新发展尤其是关于宇宙起源与演化的新认识所证实。❶

刘远东在其著作《太极辩证法——现代太极哲学的构建》中指出，太极辩证法的核心是阴阳辩证，太极阴阳理论深刻地揭示了阴阳关系多方面的内容。"包括阴阳相分、阴阳相合、阴阳对待、阴阳流行、阴阳相克、阴阳相生、阴阳相依、阴阳相含、阴阳变易、阴阳消长、阴阳转化、阴阳互补、阴阳和谐、阴阳平衡等。在各种阴阳关系中，阴阳相分和阴阳相合，以及阴阳变易是阴阳关系的最基本的特性。……有阴必有阳，有阳必有阴，阴阳缺一不可，……阴阳每一个方面都以另一个方面作为自己存在的前提，没有阴，阳不能存在；没有阳，阴也不能存在。所谓孤阳不生，孤阴不长。而且阴阳双方具有相互渗透、吸引以及融合的特性。……阴阳变易、阴阳消长、阴阳转化……也就是说，阴阳不会静止不动，而是处在不断生生不息的变化中。"❷

朱方长、唐魏娜的文章《唯物辩证法与〈易经〉的象思维》研究了《易经》包含的阴阳辩证法。其指出，阴阳学说认为，宇宙中的万事万物都同时具有阴阳两个方面，阴阳之道是世界上一切事物运动变化的根本法则。阴阳之间的对立统一又是在运动变化之中，它们始终贯穿着一种动态的矛盾平衡，这就是此消彼长，此进彼退，阴盛则阳衰，阳盛则阴衰。这种阴阳的变化，在一定条件下便会出现向着各自对立面转化的情况，阴极

---

❶ 祝世讷. 对阴阳学说的五点新认识 [J]. 山东中医药大学学报，2016（6）：492 –494.
❷ 刘远东. 太极辩证法：现代太极哲学的构建 [M]. 北京：九州出版社，2018：93.

而阳，阳极而阴。不仅如此，阴阳的对立统一还表现为阳中有阴，阴中有阳。"天人合一"学说的基本观念就是认为天地万物是一个有机整体，虽有分实不为二。天人合一揭示了一个极其重要的唯物辩证法观点，即宇宙万事万物的普遍联系和统一性，也说明了物质和意识的同一性。"变易""简易""不易"是《易经》的基本原则。一个事物本身具有阴阳特性，但是它的具体某一个部位又可以分阴阳，乃至可以无限地区分下去。八卦中的每一卦都是一个有生命的全息元，是整体全息的缩影，每一爻则又是更小的全息部分。但这种"分而变"都发生在整体中，都是整体的变动，所谓牵一发而动全身。因此，整体与部分体现的关系也是内在的、有机的，不仅整体包含部分，一般包含个别；部分也体现着整体，个别也都体现着一般。❶

叶自成等在《易经思维与国际关系研究中的几个问题》一文中论述了天与人的阴阳辩证关系，指出，易经思维是天人合一的综合整体思维。天为阳，人为阴，自然界是一种客观存在，不以人的意识为转移，并且在很大程度上主导、制约着人类社会的生存发展，是人类生存和发展的条件和环境；自然界由于人类的存在而变得更丰富但人类本身也是自然界的一部分，人与自然界的关系不是统治和被统治、控制和被控制的关系。❷

易经思维与唯物辩证法有何异同？朱方长、唐魏娜认为，《易经》思维与唯物辩证法的哲学思维最大的不同就在于，前者是"象"思维，而后者是"概念"思维，前者不是用严格文字概念建立的体系，而后者则是基于一系列抽象概念、原理和严密逻辑而构成的科学世界观。这两种思维方式既有许多类似之处，也有许多相去甚远的地方。《易经》的三大理论基

---

❶　朱方长，唐魏娜. 唯物辩证法与《易经》的象思维［J］. 江西社会科学，2011（9）：32－36.

❷　叶自成，潘丽君，李珉窥，等. 易经思维与国际关系研究中的几个问题［J］. 学习与探索，2009（5）：133.

础即阴阳学说、五行学说、天人合一的整体自然观都蕴含了丰富的唯物辩证法思想。《易经》循环运动观揭示了任何事物的运动、变化、发展都是以循环的形式展现，但是这种循环往复又不是简单的机械运动，而是在原有基础上的发展，就如唯物辩证法中的质量互变规律，事物都是从量变到质变，又从质变到量变，由量变—质变—量变（多重循环）如此循环构成的。《易经》象思维与唯物辩证法的思维方式既相互区别，又有贯通之处，可以互为补充。对立统一规律是马克思主义唯物辩证法的核心内容，《易经》中的阴阳学说讲的就是对立统一，二者是相通的。但《易经》中的阴阳辩证法与唯物辩证法又有不同。唯物辩证法强调"对立的统一是有条件的、一时的、易逝的、相对的，相互排斥的对立面的斗争则是绝对的"。《易经》的阴阳辩证法则强调"均衡""致中和"和"和实生物"，认为对立方面的斗争与和谐是构成事物发展的两个方面，事物的发展总是既有斗争又有和谐，两个方面各有其地位和作用。唯物辩证法和《易经》辩证法各自强调了一个方面。马克思主义并不否定和谐、统一，但对和谐在事物发展中的地位、作用和意义没有给予足够的注意，恰恰是《易经》的阴阳辩证法发挥了这一方面。《易经》辩证法并不否定斗争，但对于斗争在事物发展中的地位、作用和意义缺乏足够重视，马克思主义关于斗争的思想可以克服《易经》辩证法这方面的不足。❶

祝世讷在《对阴阳学说的五点新认识》中将阴阳辩证法中的"阴阳"与矛盾辩证法中的对立统一进行了对比分析。其指出，"对立统一"只规定矛盾的两个方面具有"对立"和"统一"的属性，不规定两个方面各有什么具体属性。"对立统一"是哲学的高度抽象，是抽去各种矛盾的具体属性，只强调其"对立"和"统一"特性。"阴阳"也是一种抽象，但抽掉的是各种矛盾现象的其他属性，只保留和强调其阴阳属性。"对立统一"

---

❶ 朱方长，唐魏娜. 唯物辩证法与《易经》的象思维 [J]. 江西社会科学，2011（9）：32－36.

是对宇宙中所有矛盾关系的最高抽象，包括自然、社会、思维三大领域，是最普遍的规律。"阴阳"却是对具有阴阳属性的矛盾现象的抽象，没有阴阳属性的矛盾现象不在其列。不能简单地把阴阳规律等同于对立统一规律，也不能因"阴阳"比"对立统一"的抽象程度低而否定阴阳学说，要认清其作为具象的抽象在科学研究和社会实践中的特有价值。阴阳学说的思想精华是关于世界的本原、生成、发展、有序化的认识，它是阴阳学说的"深层内核"，与现代科学的最新研究结论惊人地一致。❶

陈先达先生将中国哲学中的"天人合一"关于"天"的含义与马克思主义关于自然的思想进行了对比，并指出了两者的不同。认为，"在中国哲学里，天，除了自然之天外，还有意志之天，道德之天。……西方哲学没有意志之天、道德之天的传统。一般西方哲学的天，多指自然。……在马克思主义哲学里，没有天的哲学概念，只有世界、宇宙、自然界。……自然就是物质世界自身，它是客观的，又是人的改造对象。因此，自然既包括自在自然，又包括人化自然。人类面对的现实世界，就是自然、社会、人的辩证统一体。……中国的哲学是人生伦理型哲学。中国哲学中的人，是人人皆可为尧舜的人，……人是道德的存在物。……而在马克思主义哲学中，人既不是道德的人，也不是天生自私的人，人的本质是社会关系的总和，因此，人是社会的人。……人应该在社会实践中不断完善自己、提高自己，在改造客观世界中改造自己的主观世界。可见，在不同理论框架之下，无论'天'还是'人'都包含有不同的哲学含义。"❷ 虽然陈先达指出了中国传统哲学与马克思主义哲学的不同之处，但他依然认为中华优秀传统文化可以与马克思主义相融合。马克思主义哲学与中华优秀传统文化相融合，才能真正做到马克思主义中国化。

周天的《〈周易〉和谐辩证法论稿》一书将阴阳辩证法称为和谐辩证

---

❶ 祝世讷. 对阴阳学说的五点新认识［J］. 山东中医药大学学报, 2016（6）：491－494，537.

❷ 陈先达. 马克思主义和中国传统文化［M］. 北京：人民出版社, 2015：45－46.

法，并将和谐辩证法与毛泽东《矛盾论》中的矛盾辩证法进行了比较。其认为，《周易》的和谐辩证法与《矛盾论》的矛盾辩证法有相同之处，两者都承认世界上的事物是普遍联系的，事物之间和事物内部的矛盾具有普遍性和特殊性。《周易》是用阴阳对立统一的概念对矛盾运动加以概括，《矛盾论》则是用矛盾法则加以阐明，即"矛盾的普遍性或绝对性这个问题有两方面的意义。其一是说，矛盾存在于一切事物的发展过程中；其二是说，每一事物的发展过程中存在着自始至终的矛盾运动。"❶ 但是，和谐辩证法与《矛盾论》的矛盾辩证法也有不同之处，和谐辩证法虽然承认矛盾的普遍性，但更重视和谐的绝对性。事物的矛盾之间存在着背离和斗争，但更重要的是合作，合作才能产生新的活力。和谐辩证法既从矛盾的特殊性中看到了矛盾的普遍性，又从矛盾的普遍性中看到了对立面的和谐、合作的可能性。所以，《周易》阐释的和谐哲学辩证法与《矛盾论》论述的矛盾辩证法各自强调了辩证法的一个侧面，毛泽东的《矛盾论》比较系统地讨论了矛盾的对立统一法则，着眼于推翻旧世界的革命辩证法规律，并且成为中国共产党领导的抗日战争和解放战争的哲学指导纲领。而《周易》则系统地讨论了以和谐哲学为纲的辩证法体系的规律，并且成为中国历史上一切和平时期社会体制的哲学指导纲领。❷

　　刘树伟的《论和谐辩证法》也将和谐辩证法与矛盾辩证法进行了比较。其认为，和谐辩证法是"和而不同"，而矛盾辩证法则是"同而不和"。"和而不同"注重的是"和"，追求的是具体的、多样性的和谐统一，倡导的是宽容、兼容；而"同而不和"注重的是"同"，追求的是表象上的相同和一致，结果导致贫乏、单一、机械、僵化。提倡和谐辩证法，不是从矛盾主义的此一极端跳到和谐主义的另一极端，不是从"矛盾无时不在，无处不有"跳到"无矛盾论"上去。要反对的是矛盾主义的泛

---

❶ 毛泽东著作选读：上册［M］．北京：人民出版社，1986：143．
❷ 周天．《周易》和谐辩证法论稿［M］．上海：中西书局，2015：46．

矛盾论，或者矛盾扩大化，而不是干脆取消矛盾，彻底否认矛盾存在。矛盾辩证法方法论与和谐辩证法方法论分歧的焦点集中在矛盾和差异的关系问题上。矛盾辩证法视矛盾为一般，误把差异当成矛盾，导致矛盾扩大化；而和谐辩证法则明确了矛盾和差异的不同，视矛盾为特殊和个别，要努力突出差异，限制矛盾。矛盾辩证法与和谐辩证法的根本区别不是有没有矛盾、讲不讲矛盾的问题，而是矛盾在哲学体系中是否占据主导地位、矛盾究竟在哪个范围内有效的问题。矛盾辩证法中矛盾是主导性的，在方法论体系中居于首要和核心地位。而和谐辩证法中的矛盾只是问题的局部，只是在很有限的范围内适用。❶

杨晓平的《和谐辩证法新论》指出，和谐辩证法在逻辑上将矛盾与和谐由两个并行共在的方面，理解为前后相继的两个逻辑阶段；而对于历史说来，也经历着由以阶级斗争为主要表现形式的社会矛盾阶段到和谐统一的社会阶段的过程。和谐是辩证法的价值取向以及终极旨归。和谐辩证法之所以长期被遮蔽，乃是因为人们所处的时代及其局限，即在分工和私有制造成的阶级分裂和阶级斗争时代，人们想要超越自身的处境，去发现这一辩证法是困难的。在阶级社会，辩证法乃至哲学无疑应当强调阶级对立和斗争，"斗争哲学"是阶级斗争社会的"时代精神的精华"。在这一特定历史阶段，忽视阶级斗争，主张阶级调和是幼稚、肤浅和错误的。"斗争辩证法"或"矛盾辩证法"其实是人们身处历史的"一个片段""一个局部"和"一个环节"而提出的作为"一个片段""一个局部"和"一个环节"的辩证法。在历史步入社会主义社会，即共产主义社会的过渡阶段之后，仍然抱住全面斗争和对抗这些僵化的观念，则是极其错误的。和谐辩证法是人们在新的历史时期对辩证法理解的一种全新视角，即由重点在于倡导斗争与对抗的辩证法转换为重点在于强调统一与和谐的辩证法。❷

---

❶ 刘树伟. 论和谐辩证法 [J]. 山东理工大学学报：社会科学版，2008（4）：13–16.

❷ 杨晓平. 和谐辩证法新论 [J]. 西南大学学报：社会科学版，2011（1）：72–73.

　　张允熠在《中国文化与马克思主义》一书中将儒学与马克思主义学说进行了比较，认为，"儒学与马克思主义在形式上属于两种不同类型的意识形态，即后者是科学的思想体系，它指明了人的自由全面发展的未来；前者属于农业社会的观念形态，它尚未摆脱早期依赖自然的'天人'观念。"❶然而，马克思主义与儒学之间存在着相通和契合的内在依据，是马克思主义在中国传播的一个重要的文化根据。马克思主义与儒学在哲学理路上的共同性或一致性是形成这种文化现象的深层原因。第一，二者在宇宙观上具有一致性。两者对宇宙的认识既是唯物的又是辩证的；第二，二者的认知路线具有一致性。两者都承认实践是认识的源泉、途径和目的，实践是检验真理的标准；第三，二者对人的本质看法具有一致性。马克思认为人的本质是"一切社会关系的总和"，重视群体人的社会性、阶级性；儒学重视群体人格，对各种社会关系进行了细致的厘分和规范，从而把人的社会化和社会关系超越于"单个人"之上，儒家的人文关怀是对整体性的关怀，而不是仅仅对个体人的满足，为了整体可以牺牲个人，这与马克思主义的阶级关怀，为了阶级、集体、人民或国家利益可以置个人生死于度外的人生价值具有相通性；第四，二者的历史观具有一致性。儒学重视从现实的物质生活根源中寻找历史发展的动因，这些思想与马克思主义的历史唯物主义相通相合。第五，二者的社会学说具有一致性。孔子及其创立的儒学一向反对私有制，主张天下为公、各尽所能、平均分配、全面保障的公有制，向往一个没有剥削、没有压迫、人人平等、天下太平和家庭和睦以及幸福快乐的大同世界。"儒学和马克思主义作为不同时代、不同阶级的意识形态，具有根本对立的时代特征和阶级内容。同时，它们作为主导型意识形态和主流文化，在中国历史上的不同时期发挥过相似的意识形态功能。"❷

---

❶ 张允熠. 中国文化与马克思主义［M］. 北京：人民出版社，2015：43.
❷ 张允熠. 中国文化与马克思主义［M］. 北京：人民出版社，2015：37；79 - 81.

叶自成等从周易的卦象中得出了一些阴阳学说对国际关系的启示,指出,《周易》谦卦和比卦集中体现了"外和"的思维。从谦卦的卦象上看:艮为山,高大而具有内涵;坤为地,柔顺平和。山在地中,则精华内敛,要求国家在实力积聚增长的过程中自我控制,展现谦和的态度,巧妙地使用实力,广交各家,赢得众人的认同。就比卦的卦爻结构而言,自然而然形成一种五阴应一阳的亲比态势,说明客观外在的环境总体上是有利的,就更需要人为的作用。国家发展一帆风顺的时候,更加需要包容、团结和凝聚多种力量,既要内部团结友爱,关心民生,形成有组织的结构,也要在外交上保持友善姿态,维持内外良好的环境。《周易》中的"太和"思想是一种追求和谐有序的思想。《周易》乾卦彖辞说,"乾道变化,各正性命,保合太和",指出万物各具禀赋是一种规律,通过协调并济形成最高的和谐,即"太和"。叶自成等运用"既济卦"分析大国崛起,提出了一些发人深省的启示。其指出,"既济卦"表示的是既有秩序又有和谐的完美世界。一个新兴的大国刚崛起时,应当观望国际环境,努力处理好与周边国家和既有大国间的关系,不断地调整本国的硬实力和软实力之间的差距。但过了一段时间以后,会出现两种实力不平衡的现象,如果新兴大国忘记了崛起初期国家的基本价值观,过度追逐国家利益,以自我陶醉的心态去做违背"中道"的事情,就会使自己走向衰落。❶

五、关于仁义礼智信的研究

1. 仁义礼智信的来源及内涵

王钧林的文章《论"五常"的现代价值》认为,仁、义、礼、智、信

---

❶ 叶自成,潘丽君,李珉窥,等. 易经思维与国际关系研究中的几个问题 [J]. 学习与探索,2009(5):135－136.

扎根于人性之中，以人性为根基而发芽、生长，是从人性中升华而来的、具有普遍性品格的道德理念。儒家所讲的心性修养，其实就是树立仁、义、礼、智、信的标杆，使人的心性活动向标杆看齐，朝着标杆指示的方向发展。服从这"五常"，其实就是服从自己的本性，是自由自主的道德自律。❶

戴木才的文章《"仁义礼智信"新解》认为，"仁"是儒家思想中最基本、最重要的核心价值理念、道德精神和行为规范，也是中国古代最基本、最重要的价值理念、道德精神和行为规范，是中华民族传统核心价值和道德精神的象征。以"仁"为核心形成的中国传统核心价值观，是对把人作为神的附属品的宗教观念和把人作为工具的奴隶主意识的否定，它提倡人与人相爱，尊重人的价值，同情人，帮助人，标志着"人"的发现，体现了中国古代的人本主义精神与人道主义精神。"义"是行为的价值标准，它包含三层意蕴：首先，"义"是指适宜，即正当与否的度。宜与不宜，该与不该，须以"义"为准；其次，"义"的度，即天理，是宇宙万物存在发展的根本原则；再次，"义"又是人们内在的一种价值观念，是行为主体的价值理性原则和实践理性原则。"义"的现实内容，则是人类共同的、根本的利益，是对人类利益的一般性、稳定性、共同性的抽象与升华，是由人己、小大、常变的关系中提炼出来的人类社会行为和社会生活普遍适宜的"度"。"义"超越个别而成为一般，只有依据它，才能对人类的社会行为和社会生活做出公正、合理的价值评价。"见义勇为""杀身成仁""舍生取义"，突出地反映了"义"的价值精华，体现了人们为社会正义和人类文明进步而斗争的崇高价值追求和道德精神。"礼"主要是指人们的行为规范和行为模式，是一种使道德仁义、人伦秩序成为现实的手段或措施。宋明时期，"礼"被等同于道德本体之"理"，成为一种绝对

---

❶ 王钧林. 论"五常"的现代价值 [J]. 孔子研究，2011（6）：119 – 125.

的、不能有任何违逆的伦理规范。这样，宗法伦理道德，孝、忠、悌、仁、慈、信等，都被本体化，都成了必须顺之之"理"。"礼"作为价值理念和道德精神，其实施的途径主要有二：一是作为一种"制"；二是以具体的"德"为内容。"礼与仁、义、智、信岂并列之物，仁、义、智、信者，实用也。礼者，虚称也，法制之总名也。""礼"是"德"的"制"之形式，是价值理念和道德精神实施的途径。"德体法用"，体现了"礼"的基本内涵。用现代的话说，"礼"既包括价值理念、道德精神，也包括法律制度，"德"为体，"法"为用。因此，一是指整个社会的等级制度、法律规定和伦理规范的总称；二是指整个社会的道德规范，所谓"礼者，德之基也"；三是指礼让、礼仪、礼节仪式，以及待人接物和处事之道。"智"的含义，古今基本相同，大致有以下几义：其一，聪明；其二，智慧；其三，机智、谋略；其四，知识；其五，指聪明、有智慧的人。"智慧"是一种人格境界，不仅指处世的技巧和机心，也不仅仅是谋取名利的手段和本领，更重要的是一种人之为人的价值追求和良知德性，表现为对社会公道正义和人生价值的大彻大悟，对是非、善恶、美丑的断惑、证真、辨伪。"信"，从人从言，本指人所说的话，许下的诺言、誓言。"信"常与忠和诚连接，为"忠信""诚信"。作为价值理念和道德规范，"信"的核心内涵，是真实无妄，指对某种信念、原则和语言出自内心的忠诚。"诚信"，就是诚实而有忠信，是忠诚信义的概括。"诚信"，要求人们满善于心，言行一致。"诚信"的价值理念和道德规范，与"忠"相通，也与"仁义"相连。"诚"在于"仁"，"信"近乎"义"。"信"之德，言行一致，表里如一，真实好善，博济于民；重在要求人们安于本分，忠于职守。忠于职守，也就是尽职，要求人们在自己的职业岗位上勤奋工作，积极履行社会对自己规定的社会职责和道德义务，把职业当作自己的事业，兢兢业业地为之奋斗，终身不懈。"尽职"表现了人们高度的社会责任感

和历史使命感，是人们在职业活动中的高尚品德。❶

刘远东在专著《太极辩证法——现代太极哲学的构建》中指出，"从孔子仁的本意讲，仁者爱人的前提就是首先要懂得爱己，由对自己的爱出发进一步爱他人，在他人中首先要懂得爱自己的亲人，也就是亲亲；然后要懂得爱贤人、爱族类、爱社会、爱人类。……仁包含对人的自身的自由意志的承认和尊重，也包含对人的社会性规范的要求。……那种认为仁只是要求人服从群体、服从社会，认为仁是排斥个人的欲求和自由的观点都偏离了孔子仁学为核心的儒家思想。"❷"与仁密不可分的就是义。儒家的经典解释义就是宜，是适宜。"义的本质"是权利和义务这两者关系的适宜。……权利要求人行使人的自由意志，所谓人权等等；而义务要求人承担起人的社会责任，这本是人的社会性两个对立统一的方面，这两个方面在义中得到互补与同一。"❸"义是最高价值。……它和仁一样都是人之所以为人的根据，是人的发展和完善的核心价值。"❹

2. 仁义礼智信的现代价值

戴木才的文章《"仁义礼智信"新解》认为，"仁义礼智信"与现代意义上的"以人为本"理念有着某种程度上的意义相接，经过现代改造，可以转化为现代人文精神，成为"以人为本"精神的价值资源。在详细分析"五常"内涵基础上，戴木才论述了仁义礼智信的现代价值，他指出，"仁义礼智信"作为我国封建社会最基本的价值观念，虽然在本质上是为维护封建专制统治和等级社会秩序服务的，其精神实质包含了大量过时的、落后的、腐朽的封建糟粕，但是其中又确实包含着许多人类文明价值

---

❶ 戴木才. "仁义礼智信"新解 [J]. 江西师范大学学报：哲学社会科学版，2012（5）：11-19.

❷ 刘远东. 太极辩证法：现代太极哲学的构建 [M]. 北京：九州出版社，2018：233.

❸ 刘远东. 太极辩证法：现代太极哲学的构建 [M]. 北京：九州出版社，2018：234.

❹ 刘远东. 太极辩证法：现代太极哲学的构建 [M]. 北京：九州出版社，2018：235.

观念中一般性、共同性、普适性的有益成分，反映了人类价值认识中的许多价值共识。这些内容，构成"仁义礼智信"的精华，其中的合理因素，可供我们今天批判地继承和弘扬，以时代精神予以改造，从而使之成为建设社会主义核心价值体系的深厚价值资源。❶

王钧林的文章《论"五常"的现代价值》指出，古往今来，由于人性的本质不变，人最基本的需求也没有多少变化，仁、义、礼、智、信适用于传统社会，同样也适用于现代社会。仁、义、礼、智、信的具体内涵，在不同的时代有着不同的时代烙印。这就要求我们必须对传统的仁、义、礼、智、信进行一番创造性的转换，更新其不合时宜的内容，增加现代性的因素，推出因时制宜的仁、义、礼、智、信，使其成为与现代社会完全相合的"五常"。仁、义、礼、智、信的丰富内涵经过千百年的"选优汰劣"，已经形成了古今有共识的跨时代的稳定的内核，成为中华民族精神、民族价值观的重要组成部分。"仁者爱人"，就是博爱，让爱充满世界；义就是适宜、合理，言行恰当，合乎情理；礼就是礼义规范，待人接物恭敬有礼；智就是聪明才智，运用智慧明理达用；信就是重然诺，讲诚信。❷

龙倩在《"仁义礼智信"的现代转换》一文中论述了"仁义礼智信"的现代转换及其积极意义，并指出，时至今日，"仁"德仍然具有强大的生命力与现代价值。其一，"仁者爱人"可具体转化为"爱人民，为人民"的精神内涵，要积极提倡尊重人、关心人、热爱集体、热心公益、扶危济困的为人民服务思想和集体主义精神，为现今知识分子和广大民众提供一个切实而高远的人生追求和价值理想。其二，"仁"德所内含的"忠恕之道"，可成为有效调节自我与他人关系的一项道德方法。即通过推己及人的方法，由己之心去理解、推知他人之心，由己之欲去理解、推知他人之欲，最终将己之爱推向他人，实现对他人的爱、与他人的和谐相处。其

❶ 戴木才. "仁义礼智信"新解 [J]. 江西师范大学学报：哲学社会科学版, 2012 (5)：12.
❷ 王钧林. 论"五常"的现代价值 [J]. 孔子研究, 2011 (6)：123 - 124.

三，"仁者爱人"的利他意识具体转换到行动上则表现为"助人为乐"。仁者对他人的同情关切以及爱识。而这种同情关切之心，转换到实践上则表现为对他人切实的帮助与支持。其四，将"仁爱"推到最后，终及自然万物，而达到"爱物"的层次，具体可转换为爱护公物、保护环境等道德规范。对社会共同劳动成果的珍惜与爱护、对生态环境的保护都不仅关系到个人道德修养水平，更关系到人民的福祉与未来，是生而为人应尽的责任与义务。义即宜。于儒家而言，它有广狭之分。狭义而论，义为仁义礼智信五常之一，是判断是非善恶的标准和人们行为的价值准则。它主要有两层含义：一曰仪，包括礼仪和风貌两方面，所谓"义者，己之威仪也"（《说文解字·我部》），此为义的本义。二曰"宜"或"当"，既指道德实践前对是非善恶的正确判断，又指道德实践结果中的"适宜""应当"与"正当"。广义而言，义与利对举，泛指道义或一切道德，是道德的代名词，是立身治国的根本原则。礼，是中国传统社会内容极其丰富的伦理范畴，它位列"四维"之首、"五常"之一。《说文》云："礼，履也，所以事神致福也。"可见，礼最初起源于上古的宗教祭祀，后逐渐演变而成政治上的礼、伦理上的礼。它包括全部的上层建筑，泛指与等级秩序相适应的一切典章制度、社会规范以及相应的仪式节文。而作为道德规范的礼，亦有广狭之分。其广义者，被视为最高道德规范、全德之称。其狭义者，便是作为"四维""五常"之一的礼，包括内在礼义与外在礼仪两方面：礼义，即礼的基本精神和原则，主要是分、仁、中和、恭敬及礼让；礼仪，即礼的外在形式，指的是洒扫应对、拱手作揖等一整套具体的礼节与仪式，具体表现为礼貌、仪式、礼节等。礼所内含的精神与外在礼仪，不仅是道德教育的有益载体，更是维护社会秩序、实现社会安定和谐的重要准则与规范。因此，礼尤其为儒家所推崇，其后更一度成为封建社会治理国家、管理社会、教化民众的重要手段，形成了中华民族极具特色的"礼"文化。中国传统社会对礼的重视，体现了一种重秩序、求稳定的精神与追求，同时也塑造了一个彬彬有礼、谦谦君子的"文明古国"或"礼仪之邦"的民族形象。然而，礼的主旨与核心是"分"，重在强调和维护宗法等级秩序，讲究"贵贱有等""长幼有序""男女有别"，发展到封建社会后期，更是演变为在下者对在上者的绝对服从，形成了人们谄上欺下的畸形心理。而浩大至"礼仪三百，威仪三千"繁文缛节之礼，也使人动辄得咎，在此等桎梏下，人的个性受到极大的束缚与压制。"智"指的是对道德规范的认识以及由此而养成的道德理性和道德境界，具体表现为明辨是非善恶、知仁知义、自知知人及见微达变等。作为中国传统基本道德规范的"智"，即使在今天仍然具有十分重要的现实意义。其一，中国古代的贵智传统，要求我们在当前的社会主义建设中，要充分重视知识的普及与创造及人才的培养与任用，坚持尊重劳动、尊重知识、尊重人才、尊重创造的重大方针。其二，"智"要求在德智关系中，坚持以德导智、以智求德、德智并进。德智体美劳是新中国成立后对人的素质定位的基本准则，也是人类社会教育的趋向目标。以德为首，智次之，既要坚持培养个人正确的人生观、价值观、良好的道德品行，亦要使人掌握基本的知识、技能以及学习知识、掌握技能的能力。德废，则智便可用于为恶，人亦无法辨别是非；智废，德便无法推行或安置，故二者不可偏废。其三，智德在个人修养上要求人做到言说得当、行皆中矩。言行，是个人行为最直观的外在体现，最能体现一个人基本的道德素养。若能在社会实践生活中，当言则言，并言而适当，当行则行，并行而不违矩，则是一种很高的智慧与美德。其四，智的最高层次是要养成明了天地自然之道、通晓人间万事之理的"大智慧"。这种道德智慧不仅是处事、为人的具体智慧，更是一种超越自我以致最大限度地完善自我、他人和社会的"大智慧"，它促使人们自觉地去推动社会发展和人类进步。信，是"五常"之一，是中国古代最基本的道德规范，更是中华民族的传统美德。"信"观念在古代最初是指祭祀上天、神和先祖时的一种不敢妄言的虔诚态度，后在先秦诸侯国的盟誓或缔约中得到进一步强化，经儒家提倡，逐步摆脱了宗教色彩，而成为经世致用的道德规范。诚与信常可互训，亦连用为诚信，其基本含义为诚实不欺、真实无妄、表里如一及守言行诺。但二者又存在着一定的区别，较"诚"而言，信更指一种实在的、具体的道德规范，涉及的是道德主体的外在言行及与他人的关系，其重心在人而非"己"之内在态度。❶

侯建华的文章《"仁义礼智信"的价值评估与现代转换》认为，儒家文化的"仁义礼智信"是中华传统文化的核心价值观念，是处理人与人之间关系的道德智慧，在中国文化特征的形成、民族品格和精神培育等方面发挥了巨大作用。与此同时，该文指出了儒家的"无常"所隐含的一些封建糟粕。"仁义礼智信"与封建宗法等级制有着千丝万缕的联系，成为封建统治者的"利器"，因而又表现出消极、保守及落后的一面。只有对儒家"仁义礼智信"的"五常"进行内涵分析、价值评估以及现代转换，才能为中华传统文化的深入挖掘和现代社会主义道德发展提供一定的价值借鉴。❷

王钧林的文章《论"五常"的现代价值》，在解析"五常"的内涵并肯定其现代价值的同时，也分析了传统的仁、义、礼、智、信存在一些不合时宜的成分。比如：仁，有一种观点过分强调其"亲亲为大"的意义，将血缘纽带上的亲情置于首位，这多少限制了"仁者爱人"的博爱意义；义，有一种倾向将公义与私利对立起来，强调"正其谊不谋其利，明其道不计其功"，这对于坚持公义、正义的理想主义者来说或许是有效的，而对于以谋生为当务之急的芸芸众生来说应当是"正其谊而谋其利，明其道而计其功"；礼，古今不同礼，一个时代有一个时代的礼，礼必须合乎时宜，固守旧礼而不知变通是鄙陋不可取的；智，古人心目中的智，更多的是指发挥聪明才智以知道德，以知天人之际，以通古今之变，而比较忽视

---

❶ 龙倩."仁义礼智信"的现代转换 [J]. 理论导刊, 2017 (2): 89－91.

❷ 侯建华."仁义礼智信"的价值评估与现代转换 [J]. 人民论坛, 2017 (14): 138.

科学技术之知；信，一般来说，人无信不立，然而，信近于义，以义为准则，如果不合乎公义、正义，宁可失信，不可失义。正因为"五常"的内涵有不合时宜的成分，所以必须予以分析、批判，弃其糟粕，取其精华。❶

陈松川在《中国外交需要彰显文化内涵》一文中指出，中国文化的内涵在当代中国对外关系中已经有所表现，如"不干涉内政"原则、"和平发展"战略、"对话协商"的安全模式、"亲情外交"等，无不体现了中国文化的精髓和特质。"不干涉内政"原则，是中国文化中伦理化的律己思维和内向化思维的具体体现。"不干涉内政"原则的出发点之一，源于中国自身在对外政策行为中的约束，这种"律己"在于把对方放在更重要的位置，对对方的尊重，这从另一个侧面也体现了中国对外政策的平等内涵。"不干涉内政"原则，还源于中国文化注重"反省自求"的内向化认识论和世俗性倾向。中国文化是世俗文化，具有包容性，中国从不宣传自身的发展模式，相信发展中国家自己能够找到适合自己发展的道路，尊重各国人民对自己生活方式和社会制度的选择。中国的"和平发展"战略是中国数千年"和合"文化和"防御性外交"的当代体现。"和平发展"的可信之处在于中国文化中所蕴含的"天人合一"的整体性思维及其世俗属性。中国从整体性思维出发，摒弃了国际关系中"零和"的对立世界观，在日常的外交事务中注入了"和为贵""和而不同"等中国传统文化因素，把自身与世界看作共同发展的"命运共同体"；在处理与西方的关系上，苏联选择了与美国争霸，而中国则选择不与美国争霸，而且选择了与美国主导的世界体系接轨。"和平发展"战略体现的是"防御性"外交，它是中国内向化思维的主要体现。中国对外关系倡导的对话机制，遵循的是中国文化中的"中庸"思想，突出"求同存异"，将"己所不欲勿施于人"与"己欲立而立人，己欲达而达人"的"忠恕之道"运用于当代外交之

---

❶　王钧林. 论"五常"的现代价值 [J]. 孔子研究，2011（6）：125.

中。在新中国外交中，强调交朋友、团结友好、友谊等，带有个人感情色彩的外交方式，体现了中国文化作为一种"软文化"长于"亲和力"的特质。中国外交往往从人与人之间的关系出发，强调亲情、友谊，而不是赤裸裸的利益关系，把利益当作是友谊带来的结果。长期以来，中国都把同第三世界国家的团结与合作作为自己外交的基本立足点，把民族独立国家当作兄弟。世纪之交在中国外交中出现的各种"伙伴关系"同样是中国文化这种亲情关系理念的延伸和升华。❶

总之，中国学界研究中华优秀传统和谐思想及其对中国对外关系影响的文献已有相当多的成果，其中不乏真知灼见，这些研究成果对于世人了解中华优秀传统文化和谐思想和中国对外关系的文化根源做出了积极贡献，对本书的选题、构思和研究框架的设计有很大的启发，本书也参考借鉴了一些相关研究成果的思想观点。

虽然学者们分门别类地研究了中华优秀传统文化的根本精神和思维特征，和谐的含义与现实意义，太极哲学、阴阳学说与儒家的仁义礼智信，但是，将中华传统和谐思想进行体系化建构和系统性研究的文献至今尚未发现。

本书的创新性在于，以中国道家、儒家的经典著作作为蓝本，提炼出传统和谐思想的世界观、方法论与核心价值观，以这三部分内容三位一体地构建和谐思想体系，也就是说，将和谐思想作为一个完整的思想体系加以研究。本书的研究有助于人们全面了解中华传统和谐思想，了解其世界观、方法论与核心价值观，为世人提供一种与西方"二元对立"斗争哲学完全不同的和谐哲学，为人类社会提供解决矛盾冲突、走向和平与和谐的思想和启示。在百年未有之大变局的新时代，在局部战争持续不断，中美关系日益紧张的当下，本书的出版具有重要的理论意义和现实意义。

---

❶ 陈松川. 中国对外关系需要彰显文化内涵 [J]. 当代世界，2013（7）：73－74.

第三章　和谐思想世界观——太极哲学

中华传统和谐思想包括世界观、方法论与核心价值观。和谐思想的世界观就是太极哲学世界观。

"太极哲学"是华人学者成中英先生提出的，他把"太极"视为中国传统哲学的终极范畴，即"元范畴"，认为，"太极"表示宇宙万物的本体，本体包括本质和规律两者相统一的内容。"太极乃无所不包，其涵容最广博，开拓最深入，根基最稳固，呈现最显明，理路最精微，诠释最穷尽。""'太极'自阴阳演化至五行，不只是宇宙变化的历程，也是本体结构的范型。""五行系阴阳过程的展现，而阴阳过程本身也是太极的体现。因此，'太极'与五行实为一体。"❶

成中英先生将《周易》视为中国传统哲学的原始出发点，认为"《周易·系辞》从对《周易》本经的诠释中发展出了'太极哲学'。历代和当代的易学研究者基本上一致肯定'太极'是《周易》哲学的表示宇宙万物本体、本根、变化本源和规律的范畴，而'一阴一阳之谓道'，则是《周易》哲学揭示宇宙万物变化发展规律的最重要的原理"❷。成中英先生"所设想的太极哲学，以'太极'为哲学元范畴，对以《易经》为主的气道器统一的哲学框架，加以发挥，吸收了《老子》哲学的有无相生思想，特别

---

❶　成中英. 世纪之交的抉择：论中西哲学的会通与融合［M］. 上海：知识出版社，1991：256，259，260.

❷　杨成寅. 成中英太极创化论［M］. 2 版. 杭州：浙江大学出版社，2013：2.

是吸收了宋代张载一体两端思想和周敦颐的'无极'概念……形成了自己的太极哲学体系"❶。

杨成寅先生 2003 年出版的著作《太极哲学》系统地梳理了中国先秦道家、儒家、阴阳家，宋明理学及中医理论关于太极阴阳的思想观点。2012 年杨成寅先生出版了《成中英太极创化论》，阐述了成中英先生的太极哲学理论，指出，"太极哲学认为宇宙的任何事物都是一个太极。太极本身就包含阴阳两个方面，都是阴阳的对立统一体"。"太极分而为阴阳（'一分为二'），阴阳合而为太极（'合二为一'）；或者说，太极含阴阳，阴阳含太极。……宇宙中的任何事物的结构，任何关系，莫不是含阴阳的太极（'一分为二'），也莫不是含太极的阴阳（'合二为一'）。"❷

关于太极哲学的定义和太极哲学世界观的基本原理，则是笔者研读中国古代经典著作后参考杨成寅的《太极哲学》和《成中英太极创化论》等中国学界的相关文献，根据自己的理解提炼归纳出来的。笔者将太极哲学定义为探究宇宙起源、运动、发展、演变、消亡以至循环往复规律的学问，主要研究宇宙、自然及其万物运动变化的规律。太极哲学世界观基本原理包括整体观、阴阳观、变易观、不易观、和谐观五个方面的内容。

一、整体观

（一）整体观基本内涵

太极哲学整体观的基本内涵有以下几方面内容。

---

❶ 杨成寅. 太极哲学 [M]. 上海：学林出版社，2003：234.
❷ 杨成寅. 太极哲学 [M]. 上海：学林出版社，2003：254，255.

1. 宇宙创生于"道"

宇宙是怎样产生的？中国古代哲人老子的《道德经》就给出了回答。

老子是周朝守藏室之史，他观天文察地理，创作了传世之作《道德经》。老子《道德经》曰："有物混成，先天地生。寂兮寥兮，独立而不改，周行而不殆，可以为天地母。吾不知其名，强字之曰道，强为之名曰大。大曰逝，逝曰远，远曰反。"❶ 意思是说，有一个东西混然而成，先于天地而存在。无声而又无形，它不靠任何外力而永久存在，循环运行而永不停息，可以算作天地万物的根本（母），称之为道。它广大无边而运行不息，运行不息而伸向遥远，伸向遥远而又返回本原。老子认为，道在宇宙出现之前就已经存在，宇宙按道运行创生了万物。道是宇宙的根本，道无形无相，独立存在。按照老子的论述，道就是宇宙之规律。

《道德经》是这样解释宇宙的起源的："道生一，一生二，二生三，三生万物。万物负阴而抱阳，冲气以为和。"❷ 意思是说，"'道'是独一无偶的，'道'本身包含着阴阳二气，阴阳二气相交冲而形成第三者，即和谐均调状态，万物在这种状态中产生"❸。笔者认为，老子的这段话可以这样理解，在宇宙出现之前就存在着"道"，"道"生成了一团混沌的物质（道生一），一团混沌的物质按道运行而生成阴阳二气统一的物质（一生二）；阴阳一体的物质急速运动创生了空间和时间（二生三）；阴阳一体的物质在时间空间中互相交冲创生了宇宙万物（三生万物）。所以，万物都有阴阳，并且在阴阳二气不断交融下合成新的物质。老子把宇宙万物产生、发展、变化、消亡循环往复的规律统一于"道"，认为"道"具有超常的创生力。正如他所说："道可道，非常道；名可名，非常名。无，名

---

❶ 老子. 道德经［M］. 徐澍，刘浩，注译. 合肥：安徽人民出版社，1990：70–71.

❷ 老子. 道德经［M］. 徐澍，刘浩，注译. 合肥：安徽人民出版社，1990：119.

❸ 老子. 道德经［M］. 徐澍，刘浩，注译. 合肥：安徽人民出版社，1990：120.

天地之始；有，名万物之母。故常无，欲以观其妙；常有，欲以观其徼。"❶ 意思是说，"'道'可以用言语来说明，就不是常'道'；'名'可以用言语来表述，就不是常'名'。'无'，是天地混沌未开之际的命名；'有'，是万物产生之本原的命名。所以，要常从'无'中观察领悟'道'的奥妙；要常从'有'中观察领悟'道'的端倪。"❷

科学家爱因斯坦认为，宇宙的创生需要两种成分，即质量和能量，而它们本质上是一种东西。著名的质能方程式 $E = mc^2$ 完整地描述了这两种成分的关系，也就是质量可以被认为是一种能量。质量与能量的统一体在空间中急速运动而产生万物，宇宙从虚无变为实有。科学家通过数十年的观测和分析找到了答案，质量与能量的统一体在空间中爆炸就是宇宙大爆炸，宇宙万物就是在大爆炸过程中产生的，空间和时间在宇宙大爆炸的一瞬间同时出现。这是目前对宇宙起源最有说服力的一个理论。科学家观测总结的宇宙膨胀理论也证明了这一点。几千年前老子在《道德经》一书中对宇宙起源的解释与现代科学关于宇宙起源的大爆炸理论和宇宙膨胀理论的假设有相通之处，这是很了不起的。

2. 宇宙是一个动态整体

老子提出了整体论的宇宙观，他对宇宙起源的解释被先秦儒家及宋明理学家继承发展，形成了无极生太极，太极生阴阳，阴阳运动化生万物的太极哲学整体观。

成中英的太极创化论认为，"宇宙是一个'动态整体'；……宇宙中任何事物和事相都是一个'动态整体'。……'整体'离不开'动态'，'动态'离不开'整体'。"❸ 宇宙这个动态整体中不断产生着、存在着无限

---

❶ 老子. 道德经 [M]. 徐澍，刘浩，注译. 合肥：安徽人民出版社，1990：1.

❷ 老子. 道德经 [M]. 徐澍，刘浩，注译. 合肥：安徽人民出版社，1990：3.

❸ 杨成寅. 成中英太极创化论 [M]. 2 版. 杭州：浙江大学出版社，2013：31.

的、多种多样的事物。"整体依存应是你中有我、我中有你，全体中有部分，部分中有整体。但每一个体仍有其相对的独立性，仍有参与影响全体的力量，同样，全体也有改变影响部分的作用。""万物或万事的相互依存的关系一旦销毁，则生生不已的宇宙创造力也就停止了。"❶

家国同构是中国古人整体观思维的结晶，家是国的基础，国是放大了的家。家庭成员既要维护家族，又要维护国家。自周朝以后，天下之中央之国以及国家一统观念就在华夏民族以及后来的中华民族的民心中深深扎根，当诸侯割据、国家分裂时，实现"一统天下"就成为历朝君主凝聚民心的旗帜。秦始皇统一六国后，实行"车同轨""书同文"，建立了中央集权下的郡县制，此后，实现统一后的汉朝、晋朝、隋朝、唐朝、宋朝、元朝、明朝、清朝都承认前朝是天下之中央之国，即中国，秦朝至清朝两千多年间，虽然汉族的政权曾经被蒙古族、满族所推翻，但是，以中华文明为主题的"中国"这个地理和文化之称谓一直继承下来，实现了中华大地统一后的历朝历代都自认为是中国，这是整体思维在中华民族几千年历史中所发挥的凝聚作用，也是中华一统的思想根源之一。

整体观要求我们在观察分析问题时首先要有整体思维，然后从各个部分复杂的关系中找出主要矛盾、次要矛盾和解决问题的思路与方法。全方位、分层次地认识事物的整体和内部各个组成部分的关系及其变化。社会事物构成因素极为复杂，分析问题不仅要看某些局部或组成部分，还要认识各个组成部分之间的结构、联系、相互制约以及它们与整体的联系；不仅要看到事物内部的关系，还要认识一事物与他事物的关系。"观察、分析、研究事物的方法是分层次的。层次不一样，同一个事物所反映的规律一般也是不一样的；研究不同层次的事物，选择适用的参照系、坐标原点应该也是不一样的。"❷

---

❶ 杨成寅. 成中英太极创化论 [M]. 2 版. 杭州：浙江大学出版社，2013：84.
❷ 张延生. 易与和谐 [M]. 北京：团结出版社，2006：364.

成中英先生叙述了整体观的思维路径："把任何分歧看成属于一个整体，然后在这个整体中寻找并穷尽所有的关联，并对这些关联作深度的透视，以了解其可能具有的相反相成、相生互制等动态关系，最后在时间过程中掌握其历史源流及追溯其本源，又在其现在存有的结构中透视其发展未来。"●

运用整体观分析国际关系问题，既要对国际体系、国际格局、国际形势层面有所认识，还要对国别等单位层次的问题有深入分析，要把握局部与整体之间的关系，形成一个整体思维的逻辑链条，以便透视事物的本质，找到解决问题的方法。譬如经济全球化促进了生产、贸易、投资、金融、资源、人员等生产要素在全球优化配置，降低了企业成本，提高了效率，满足了各国消费者的多样性需求，促进了各国经济的发展。但是，经济全球化会加剧一些国家的不平等，如收入分配不平等，发展空间不平衡，资本和劳动、效率和公平的矛盾。所以，对经济全球化要有整体观的认识，既看到其对全球经济的积极影响，又要看到对各国经济的差异化影响。

（二）整体观的现实运用和体现

整体观在新中国对外关系中有充分的体现。毛泽东提出的"三个世界"划分的战略思想，就是从世界整体观察认识国际关系的典型例证。

1971 年 10 月 25 日，第 26 届联合国大会就阿尔巴尼亚、阿尔及利亚等 23 国提交的关于恢复中华人民共和国在联合国的一切合法权利，立即把国民党的代表从联合国及其所属的一切机构中驱逐出去的提案进行表决。会议以 76 票赞成、35 票反对、17 票弃权通过表决，恢复了中华人民共和国在联合国的合法权利。支持该提案国家大部分来自非洲国家（赞成票 26票）和亚洲国家（赞成票 19 票），还有一部分欧洲国家（23 票）。

● 杨成寅. 成中英太极创化论［M］. 2 版. 杭州：浙江大学出版社，2013：13.

1974年2月，毛泽东在会见来华访问的赞比亚总统卡翁达时说："我看美国、苏联是第一世界。中间派，日本、欧洲、澳大利亚、加拿大，是第二世界。咱们是第三世界。""第三世界人口很多。亚洲除了日本，都是第三世界。整个非洲都是第三世界，拉丁美洲也是第三世界。"❶ 同年4月，邓小平率中国政府代表团出席联合国大会第六届特别会议。邓小平在发言中向国际社会全面阐述了毛泽东"三个世界"划分的战略思想。邓小平指出，"现在的世界实际上存在着相互联系又相互矛盾着的三个方面、三个世界。美国、苏联是第一世界；亚非拉发展中国家和其他地区的发展中国家，是第三世界；处于这两者之间的发达国家，是第二世界。"❷

毛泽东"三个世界"划分的战略思想将全球视为一个整体，在这个整体之中，依据各国的综合国力尤其是经济、军事实力划分为三个世界，通过"三个世界"的划分，明确中国应当防备的对象——第一世界，应当争取的对象——第二世界，应当依靠的对象——第三世界，分清了敌我友。在两极格局和冷战时期，毛泽东的"三个世界"思想成为中国对外关系的方针，为中国在国际社会团结一切可以团结的力量起到了指导作用。

习近平提出的"构建人类命运共同体"理念也是从整体观角度向世界所发出的呼吁。2015年9月28日，习近平主席在《携手构建合作共赢新伙伴 同心打造人类命运共同体——在第七十届联合国大会一般性辩论的讲话》中说："'大道之行也，天下为公。'和平、发展、公平、正义、民主、自由，是全人类的共同价值。……当今世界，各国相互依存、休戚与共。我们要继承和弘扬联合国宪章的宗旨和原则，构建以合作共赢为核心的新型国际关系，打造人类命运共同体。"❸ 中国领导人提出"构建人类命运共同

---

❶ 孙东方. 毛泽东提出"三个世界"划分的理论［EB/OL］.（2022－9－9）［2022－10－29］. https：//baijiahao. baidu. com/s？id＝1743449145821509741&wfr＝spider&for＝pc.

❷ 王巧荣. 中华人民共和国外交史：1949—2019［M］. 北京：当代中国出版社，2020：175.

❸ 习近平谈构建人类命运共同体［EB/OL］.（2022－02－17）［2022－09－06］. https：//baijiahao. baidu. com/s？id＝1724998183097524442&wfr＝spider&for＝pc.

体"的理念，倡导各国在追求本国利益时兼顾他国合理关切，在谋求本国发展中促进各国共同发展。这种理念与太极哲学整体观的"看整体、看全局、看长远，而不只是看部分、看局部、看眼前"的思想有相通之处。

二、阴阳观

（一）阴阳观基本内涵

1. 阴阳运动变化创生万物

成中英的太极创化论认为，"宇宙是一个动态、多元、平衡的整体。这个整体处处都体现了阴阳相反相成、对立统一的表象和性质。阴阳是世界的本质和内在意义，两者对立、互涵、渗透、交易、互补的关系所表达的宇宙本体创化程序是生成的、发展性的。"因而"'太极'具有宇宙万物本体的结构以及创化生成的有序过程"❶。《易经》系辞上传明确指出，"一阴一阳之谓道"❷。推动宇宙万物变化的力量是事物的阴阳运动变化，太极阴阳运动变化创生宇宙万物。老子《道德经》指出，"万物负阴而抱阳，冲气以为和"❸。也就是说，宇宙是从太极阴阳运动变化而来，宇宙中的任何一个事物都包含着阴阳运动变化，阴阳之中各有阴阳，无限可分。宇宙万物运动变化的动力在于事物内部的阴阳结构及其变化，任何事物都是由阴阳一体构成的。"太极含阴阳，阴阳合而为太极。或者说，太极是阴阳的分中有合，阴阳是太极的合中有分……太极不离阴阳，阴阳不离太

---

❶ 杨成寅. 成中英太极创化论［M］. 2 版. 杭州：浙江大学出版社，2013：7.
❷ 易经［M］. 徐澍，张新旭，译注. 合肥：安徽人民出版社，1992：363.
❸ 老子. 道德经［M］. 徐澍，刘浩，注译. 合肥：安徽人民出版社，1990：119.

极。离太极无阴阳，离阴阳无太极。"❶ 宇宙万象的变化见之于阴阳的变化，如昼夜、日月、前后、内外、上下、左右、大小、多少、虚实、有无、刚柔、动静、强弱，等等。

《易经》的阴爻"－－"和阳爻"—"以及六十四卦显示了阴阳变化的规律。太极阴阳鱼图则显示了万物阴阳运动变化的具象。《易经》系辞上传曰："易有太极，是生两仪。两仪生四象，四象生八卦。"❷ "在天成象，在地成形，变化见矣。"这就是说，宇宙万物的一切变化起源于太极阴阳的相互作用。阴阳二气的多重运动变化生成宇宙万物。"太极"表示宇宙的整体，其中包括宇宙万物创生、变化、发展的根源，也包括宇宙万物创生、变化、发展的动态过程，还包括作为其发展的归宿的"太和"——和谐与平衡，而"太和"本身也就是宇宙万物进一步变化发展的新的起点。❸

太极哲学告诉我们，分析问题时一定要看到事物的阴阳两面，同时还要看到阴阳之间的运动变化。了解事物内部和事物之间的阴阳变化规律，可以把握天地万物、社会人事的性质、变化及其走向。就国际关系而言，既要看到本国的利益需求，又要考虑对方国家的利益需求，同时还要看到双方利益需求关系的变化。互利、互惠、合作、共赢是阴阳观的具体体现。如果一个国家只考虑自己的利益需求，不考虑对方的利益需求，甚至不惜用各种阴谋诡计损害对方利益以获取自己的利益，这种损人利己而违反国际道义的做法也许会得逞一时，但终将反噬自身，正所谓"善有善报，恶有恶报"，"多行不义必自毙"。

❶ 杨成寅. 太极哲学 [M]. 上海：学林出版社，2003：24.

❷ 易经 [M]. 徐澍，张新旭，译注. 合肥：安徽人民出版社，1992：374.

❸ 杨成寅. 成中英太极创化论 [M]. 2 版. 杭州：浙江大学出版社，2012：33.

2. 阴阳多重运动变化关系

太极哲学阴阳观认为，宇宙是一个动态、多元、平衡的整体。宇宙源于太极阴阳的运动变化，阴阳关系在宇宙万物产生、发展、演变过程及不同层次中表现出来，所以，事物阴阳运动变化具有多重关系。也就是说，事物阴阳运动变化既有互相对立、矛盾、冲突的一面，又有互相协调、平衡、和谐的一面，还有相生、相克、消长、互根、互补、互渗、互转等多重变化关系。所以，用太极哲学阴阳观分析问题，既要看到事物一体两面的阴阳关系，又要看到阴阳的多重运动变化关系。

太极哲学阴阳观告诉我们，要用阴阳关系多重变化的视角全方位、多层次地分析问题，从中找出主要矛盾和决定性的因素。就国际关系而言，既要看到国家之间有对立斗争的一面，又要看到国家之间有互利合作的一面；既要看到国家统治集团的利益需求，又要看到人民大众的利益关切，防止一刀切，一棍子打死。在国家之间互利合作时看到矛盾斗争的因素，在国家之间矛盾冲突时看到互利合作的因素，利用有利因素，克服不利因素。

中国古代阴阳五行学说进一步展现了阴阳变化的多重性。木、火、土、金、水这五种性质的事物就是由阴阳二气物质的多重运动所化生，这五种物质的相生、相克创生了更多的物质。宇宙万物通过阴阳五行的运动变化产生了无穷无尽的多样世界。阴阳五行相生相克的规律反映了宇宙万物的创生与演化。用木、火、土、金、水五行相生、相克、消长、互根、互补、互转、互渗、平衡的观点认识国际关系，会给人们带来分析问题、解决问题的大智慧和大思路。关于阴阳五行辩证思维的具体运用，本书第四章将用案例分析详细讲解。

3. 阴阳与矛盾的区别

太极哲学阴阳观认为，阴阳与矛盾不是同一个概念，两者有很大的不同。矛和盾的关系是对抗性的，矛用来刺人，盾用来抵挡矛和对抗矛。矛盾的对立统一强调的是一个统一体内不同事物的互相排斥、对立、斗争，通过否定之否定、质量互变等运动方式推动事物的发展，虽然有相互渗透、转化的内涵，但突出的是矛盾的对立和斗争。而阴阳观则认为事物既有差异、对立、矛盾、斗争的一面，又有互为根据、互相补充、互相渗透、互相融合、互相转化、互相平衡的一面。阴阳观不仅看到了事物的差异、对立、矛盾和斗争，而且看到了事物的协调、平衡、融合与和谐。

阴阳观认为，差异不等于矛盾，差异在一定条件下可能发展成矛盾，但在适宜的条件下可能是新事物产生的基础。如男人为阳，女人为阴，但无论男人还是女人都属于人类。男女结为夫妻，可以繁衍后代。若夫妻和谐，亲密无间，和睦相处，则家庭兴旺；若夫妻反目，互不相让，争吵不休，水火不容，则家庭破裂。如果仅用矛盾对立、冲突、斗争的观点看待夫妻关系、人际关系和社会关系，得出的结论便是家庭、单位组织和社会充满对立、冲突和斗争，人类每时每刻都生活在互相争斗之中，生活就是战斗，社会就是战场，就像美国好莱坞战斗大片描写的那样，你死我活杀伐不断，如此下去，人类永无宁日。所以，只看到事物对立、冲突、斗争一面的认识是片面的、不客观的。用阴阳观看待夫妻关系、人际关系和社会关系，则既可以看到事物有对立、冲突、斗争的一面，又可以看到事物还有协调、平衡、和谐的一面，从而得出比较全面客观的认识。因此，太极哲学的阴阳观与二元对立的斗争哲学矛盾观有着根本的不同。

（二）阴阳观的现实运用和体现

用太极哲学阴阳观看待国际关系，既要看到国家之间有利益差异、对立、冲突、斗争的一面，又要看到国家之间有互利、互惠、合作、共赢的一面。中国既要具备超强的自我保护和防卫能力，又要游刃有余地团结世界绝大多数国家。正所谓"害人之心不可有，防人之心不可无"，"种下善因结出善果，种下恶因结出恶果"。

太极哲学阴阳观在中国对外关系中有诸多体现。1978 年改革开放以后，邓小平提出，现在世界上真正大的问题，带全球性的战略问题，一个是和平问题，一个是发展问题。维护世界和平、促进共同发展是中国外交政策的宗旨，也是义不容辞的责任。中国反对任何形式的霸权主义。中国永远不称霸，谁坚持霸权主义就反对谁。中国奉行独立自主的和平外交政策，是维护和平、促进发展的坚定力量。"现在需要建立国际经济新秩序，也需要建立国际政治新秩序。新的政治秩序就是要结束霸权主义，实行和平共处五项原则。处理国与国之间的关系，和平共处五项原则是最好的方式。其他方式，如'大家庭'方式，'集团政治'方式，'势力范围'方式，都会带来矛盾，激化国际局势。总结国际关系的实践，最具有强大生命力的就是和平共处五项原则。"❶ 20 世纪 80 年代末 90 年代初，东欧剧变，苏联解体，世界社会主义运动遭受严重挫折，"二战"结束后形成的两极格局瓦解，世界进入一个新旧格局交替的过渡时期。邓小平提出："要冷静观察、稳住阵脚、沉着应付、韬光养晦、有所作为。"他用凝聚中华民族智慧的语言，表明对国际局势风云变幻的这一战略态度成为中国外交工作的战略方针。❷ 中国既与美国及西方国家发展关系，又与苏联东欧国家缓和关系，还与亚非拉发展中国家进一步发展关系。在中国与西方国家关系上，既看到了双方矛盾、冲突、斗争的一面，又看到了双方互利、合作、共赢的一面，大力促进积极因素，减少消极因素，开展建立全方位"伙伴关系"的外交，营造了 30 多年相对和平的周边环境。

---

❶ 刘华秋. 邓小平外交思想永放光华［EB/OL］.（2014 - 08 - 15）［2022 - 06 - 06］. http：//theory. people. com. cn/n/2014/0815/c83846 - 25471885. html.

❷ 刘华秋. 邓小平外交思想永放光华［EB/OL］.（2014 - 08 - 15）［2022 - 06 - 06］. http：//theory. people. com. cn/n/2014/0815/c83846 - 25471885. html.

改革开放以后，中国在处理中美关系中也体现了一体两面的阴阳观。1979 年中美建交，正值中国改革开放之时，中国十分注意协调中美之间的利益需求，与美国展开了经济、科技、文化、社会层面的全方位交往关系，中美两国保持了相当一段时间"非敌非友"的互利合作关系。美国企业在中国投资办厂，把现代企业管理制度和经验传入中国，大批中国留学生赴美学习，众多美国留学生来华学习，中美两国专家学者和非政府组织的人文交流成为连接中美经济、社会、文化的纽带。

从 20 世纪 80 年代至 21 世纪初，中美关系曾经有过密切交往期，两国经贸、文化交流和人员往来十分密切。2010 年，中国经济总量超过日本位居世界第二而成为世界第二大经济体。随着中国经济实力的增强，美国一些政客开始大力散布"中国威胁论"。美国统治集团极力防范中国崛起。2010 年，美国奥巴马政府采取"重返亚太"战略，中美在台海、南海、美国对台军售等问题上一度关系紧张。在这样的形势下，中方对美方发出善意和诚意的合作呼吁。2012 年 2 月，时任中国国家副主席习近平访问美国，首次提出建立"中美新型大国关系"的概念。2013 年 6 月，习近平当选国家主席后首次访美，在与奥巴马会谈中提出构建"中美新型大国关系"的三句话："不冲突、不对抗，相互尊重，合作共赢"。其中，不冲突、不对抗是起点，相互尊重是原则，合作共赢是路径。❶ 2015 年 9 月 22日习近平主席再次访美，在与奥巴马总统交谈中再次强调增强中美战略互信，尽力寻找中美合作点。❷

然而，特朗普担任总统后，无视中方的善意和诚意，对中国发起贸易战和科技战。新冠病毒感染疫情暴发后更是栽赃污蔑中国，单方面关闭中国驻休斯敦总领馆，大力支持反华势力，制裁中国高科技企业，制裁中国新疆的政府机构和官员，在经济、政治、科技、文化领域全方位打压中

---

❶ 李振. 习近平构建中美新型大国关系的政治智慧 [J]. 新湘评论, 2019 (9)：34 - 36.
❷ 黎越, 高伟东. 习近平同美国总统奥巴马会晤 [N]. 经济日报, 2015 - 09 - 26 (1).

国，中美关系急剧下降。拜登上台后，联合欧盟和西方盟友继续打压中国，并不断在南海和台海海域寻衅滋事，2022 年 7 月美国众议院议长佩洛西不顾中方强烈抗议而窜访台湾，8 月，美国国会参议院和众议院议员继续窜访台湾，挑战中国的核心利益和底线。在中美关系日益恶化、美方咄咄逼人的态势下，中方不得不对美方的进攻和打压进行坚决的反击，但与此同时，中方依然呼吁中美两国继续互利合作。2022 年 11 月 14 日，习近平主席在印度尼西亚巴厘岛同美国总统拜登举行会晤。两国元首就中美关系中的战略性问题以及重大全球和地区问题坦诚深入交换了看法。习近平指出，中美关系不应该是你输我赢、你兴我衰的零和博弈，中美各自取得成功对彼此是机遇而非挑战。宽广的地球完全容得下中美各自发展、共同繁荣。自由、民主、人权是人类的共同追求，也是中国共产党的一贯追求。美国搞的是资本主义，中国搞的是社会主义，中美相处很重要一条就是承认这种不同，尊重这种不同。❶ 中国领导人这种柔中有刚，刚中有柔，刚柔并济的策略充分体现了太极哲学的阴阳观。

三、变易观

（一）变易观基本内涵

变易即变化。中国古代经书《易经》是一部阐述宇宙万象、天地万物发展变化的典籍，《易经》里易的首要含义就是变易，即万事万物时时刻刻都在变化，变易观则是事物运动变化的规律。《易经》被称为"群经之首"。司马迁《史记》记载："文王拘而演周易"。文王曾被殷纣王囚居羑里（今河南汤阴北）七年，根据伏羲氏画的八卦推演出六十四卦，并写下

---

❶ 习近平同美国总统拜登举行会晤 ［EB/OL］. （2022 – 11 – 15）［2022 – 11 – 18］. https：//m. gmw. cn/baijia/2022 – 11/15/36159264. html.

了"卦辞"和"爻辞"，有学者认为周朝的周公对周易的卦辞和爻辞也有贡献。孔子及其弟子所作的《易传》，则翔实地解释和说明了《易经》。《易传》由《系辞》《象传》《象传》《文言》《说卦》《序卦》《杂卦》组成，合称《十翼》。❶ 笔者参阅的《易经》是安徽人民出版社 1992 年出版，由徐澍、张新旭注译的版本。该书以朱熹《周易本义》为底本，以马王堆汉墓出土的帛书《周易》为校本，包括《易经》和《易传》两部分。《易传》以阴阳辩证思维阐释阴阳卦象之间相互依存的易理，使《易经》上升到更广阔的哲学领域。

太极哲学变易观包括以下几方面内容。

1. 生生之谓易

太极哲学认为，宇宙万物处在永恒的变易之中。天道运行周而复始，运动变化永不停息，在运动变化中创生养育万物，促成万物生生不息。《易经》系辞下传曰："《易》之为书也不可远，为道也屡迁。变动不居，周流六虚，上下无常，刚柔相易，不可为典要，唯变所适。其出入以度，外内使知惧。"❷ 意思是说，《易经》这部书在生活中是离不开的，它所体现的是不断变动的事物。卦中的六爻变动不停，周流各个爻位之中，或上或下，或刚或柔，没有固定的标准，一切依变化的情况而定。不过六爻的上下往来、内外进出，又有一定的规律性，能使人从吉凶的结果中产生畏惧心理。

《易经》系辞上传所说的"生生之谓易"❸，是指宇宙产生、发展、演变、消亡，循环往复、永无止境。但是这种循环往复并不是简单的重复，而是在新条件下的循环往复。老子《道德经》曰："反者道之动，弱者道

---

❶ 易经［M］. 徐澍，张新旭，译注. 合肥：安徽人民出版社，1992：356.

❷ 易经［M］. 徐澍，张新旭，译注. 合肥：安徽人民出版社，1992：393.

❸ 易经［M］. 徐澍，张新旭，译注. 合肥：安徽人民出版社，1992：363.

之用。天下万物生于有，有生于无。"❶ 意思是说"道"的运动变化是循环往复的，"道"的作用是微妙的，天下万物产生于看得见的有形物质，看得见的有形物质产生于看不见的无形物质。

宇宙产生、发展、消亡，永无止境的循环往复运动从当代天文学观察和地球无数生命产生、发展、消亡，以至新生命产生的循环往复的事实中可以得到验证；从地球上一个国家的产生、发展、消亡以至新国家产生、发展、消亡的过程中也可以得到证明。《易经》用卦辞和爻辞的形式表达宇宙万物变动不居，在前、后、左、右、上、下六方的虚空中运动，其表现形式变化多端，可谓无时不变、无处不变、无物不变。也就是说，宇宙时时刻刻处在运动变化过程之中，任何一个事物都有产生、发展、衰落以至消亡的过程。事物是在相互联系、相互作用、不断变化的运动过程中存在的。天地间没有不变的事情，天地间的一切事情随时变，随地变。

2. 具体问题具体对待

宇宙万物时刻处在运动变化之中，所以，懂得遵道变通、持经达变的人更容易走向成功。老子《道德经》曰："大小多少，报怨以德，图难于其易，为大于其细。天下难事，必作于易；天下大事，必作于细。是以圣人终不为大，故能成其大。夫轻诺必寡信，多易必多难。是以圣人犹难之，故终无难矣。"❷ 意思是说，大生于小，多起于少。处理困难要从容易入手，实现远大目标要从细微开始。天下的难事，必定是从容易开始；天下的大事，必定是从细微开始。因此，有"道"的圣人始终不自以为大，才能做成大事。轻易允诺，势必丧失信用，把事情看得太容易，势必困难更多。有"道"的圣人遇到事情总是重视困难，才能克服困难。

❶ 老子. 道德经 ［M］. 徐澍，刘浩，注译. 合肥：安徽人民出版社，1990：113.
❷ 老子. 道德经 ［M］. 徐澍，刘浩，注译. 合肥：安徽人民出版社，1990：175.

老子告诫人们，做事情要大处着眼，小处着手；实现远大的目标要从脚下做起；要因地制宜，因时制宜，具体问题具体对待；始终保持谦虚谨慎的态度。

3. 反向变化与逆向思维

宇宙万物的变易有正向变化，也有反向变化，做事情要有反向思维或逆向思维。老子说："将欲歙之，必固张之；将欲弱之，必固强之；将欲废之，必固兴之。"❶ 意思是说，对于敌人，要想打败它，须暂且让它嚣张；要想削弱它，须暂且让它强大；要想废了它，须暂且让它兴起。老子告诫人们，要善于运用反向思维或逆向思维分析问题。

1946 年 8 月 6 日毛泽东与美国记者安娜·路易斯·斯特朗谈话时指出："原子弹是美国反动派用来吓人的一只纸老虎，看样子可怕，实际上并不可怕。当然，原子弹是一种大规模屠杀的武器，但是决定战争胜败的是人民，而不是一两件新式武器。一切反动派都是纸老虎。看起来，反动派的样子是可怕的，但是实际上并没有什么了不起的力量。从长远的观点看问题，真正强大的力量不是属于反动派，而是属于人民。"❷ 毛泽东就是用逆向思维看到了气势汹汹的帝国主义反动派强大外表下虚弱的一面。

（二）变易观的现实运用和体现

太极哲学变易观在中国对外关系中突出表现在中华人民共和国成立后中国政府根据国际格局和大国关系的变化，及时调整对外政策和策略，团结一切可以团结的力量，赢得了广大发展中国家的支持。

解放战争时期，毛泽东就对新中国成立以后的外交提出了三句话：

---

❶ 老子. 道德经 [M]. 徐澍，刘浩，注译. 合肥：安徽人民出版社，1990：100.
❷ 毛泽东选集第四卷 [M]. 北京：人民出版社，1991：1194－1195.

"一边倒""另起炉灶""把屋子打扫干净再请客"。❶ 这个外交方针的提出，主要是基于中国共产党对中国革命胜利前夕所面临的国际形势的清醒判断和现实考虑。

新中国成立后，1950 年 2 月，中国与苏联签订《中苏友好同盟互助条约》，解决了当时亟须解决的国家安全和外来经济援助问题。新的人民政权不但使中国人民站起来了，而且脚跟站稳了。20 世纪 50 年代，中国采取以"一边倒"为重点的外交政策，不仅同苏联、东欧和其他社会主义国家建立了外交关系，而且先后与十几个民族独立国家和资本主义国家建立了外交关系。

与此同时，中国与以美国为首的西方资本主义阵营形成了对立关系。1950 年朝鲜战争爆发，新中国的国家安全面临巨大的压力，美国对中国的敌视政策发展为全面遏制政策。毛泽东果断地决定派中国人民志愿军赶赴朝鲜战场抗美援朝。在抗美援朝胜利大势已定的形势下，为创造一个和平的环境，集中精力搞经济建设，从 1952 年起，毛泽东、周恩来等领导人审时度势，着手推进对外"和平统一战线政策"。1953 年 12 月，中国首先提出和平共处五项原则，主张不同意识形态的社会制度的国家，在相处中实行对等的约束和自我约束。它不仅包含了处理国家间政治关系的原则，同时也包含了处理经济关系的内容。1954 年 7 月 7 日，中共中央政治局扩大会议决定，努力创造条件走出国门，走向世界。

20 世纪 50 年代末至 60 年代初，随着中国同美国和苏联的矛盾日趋尖锐化，中国逐步陷入了同时与美、苏两个大国对立斗争的境地。为了打开外交工作的新局面，毛泽东深入分析了世界形势的发展变化，对世界上存在的各种基本矛盾和政治力量作了精辟的概括，提出两个"中间地带"理论。1964 年 1 月 5 日，毛泽东与日共中央政治局委员听涛克己谈话时，正

---

❶ 崔钧洋，封长虹. 新中国全方位外交：从"一边倒"到"和平发展"［EB/OL］.（2009 - 09 - 11）［2022 - 06 - 15］. http：//intl. ce. cn/zhuanti/wj/yw/200909/17/t20090917_20039525_8. shtml.

式阐明了关于两个中间地带的观点。他说："中间地带有两部分，一个是亚非拉：一部分是指亚洲、非洲和拉丁美洲的广大经济落后的国家，一部分是指以欧洲为代表的帝国主义国家和发达的资本主义国家。这两部分都反对美国的控制。在东欧各国则发生反对苏联控制的问题。"❶

1960 年 10 月 22 日，毛泽东在中南海会见美国记者斯诺时说，"不管美国承认不承认我们，不管我们进不进联合国，世界和平的责任我们是要担负的。我们不会因为不进联合国就无法无天，像孙悟空大闹天宫那样。我们要维持世界和平，不要打世界大战。我们主张国与国之间不要用战争来解决问题。但是，维持世界和平不但中国有责任，美国也有责任。"❷

从 1949 年新中国成立初期"一边倒"地倒向苏联东欧阵营，到 20 世纪 60 年代既反苏又反美"两个拳头打人"的同时与亚非拉第三世界国家广泛建立外交关系，和"中间地带"的法国建立外交关系，打破西方对华封锁，再到 70 年代"联美抗苏"，与许多西方国家建立外交关系，以及中国成功进入联合国，可以看出，毛泽东时代的中国对外战略和策略随着国际形势的变化在不断调整，在世界上团结大多数，对付一小撮，使中国在国际社会由被动变为主动。

苏联解体、东欧剧变，两极格局瓦解。冷战结束后，中国与俄罗斯的关系经历了一个由互相防范、警惕到有限合作再到友好合作的过程。中国对俄罗斯的政策随着国际格局和国际环境的剧烈变化也及时进行了调整，显示了中国对外关系原则性与灵活性相结合的特色。

1978 年中国改革开放以后，邓小平将"和平与发展"视为当今世界两大主题。"韬光养晦、有所作为"，是邓小平外交思想的重要组成部分。从中国的外交实践看，这里的"韬光养晦"是指谦虚谨慎，不说空话，多做实事，不事张扬，不当头，不称霸。"韬光养晦"是不随便指责别人，过

---

❶ 毛泽东外交文选［M］．北京：中央文献出版社、世界知识产权出版社，1994：506 - 507.

❷ 毛泽东外交文选［M］．北京：中央文献出版社、世界知识产权出版社，1994：453.

头的话不要讲，过头的事不做。❶ 中国开始打开国门，走向世界，融入经济全球化，全方位发展与世界各国的关系。20 世纪 80 年代至 90 年代，中国开展了"全方位无敌国外交"，不仅与周边国家和第三世界国家发展关系，而且与美国及西方发达资本主义国家互利合作。这一时期，中国与 60 多个国家建立了外交关系。与此同时，中国在全世界大力建设"伙伴关系"，1993 年，中国与巴西建立了第一个"战略伙伴关系"。此后，中国不断在已经建立大使级外交关系的国家中寻求构建伙伴关系。2014 年 11 月底，习近平总书记在中央外事工作会议上提出："要在坚持不结盟原则的前提下广交朋友，形成遍布全球的伙伴关系网络。"❷ 截至 2021 年年底，中国已经与 100 多个国家和国际组织建立了不同形式的"伙伴关系"。建设"伙伴关系"成为中国特色的外交实践，在相当长一段时间内为中国创造了相对和平稳定的外部环境。

总之，坚持原则、内方外圆、灵活应变是中国外交的风格。在国际风云变幻莫测的时代，中国对外关系政策和策略适时调整的"神来之笔"充分体现了太极哲学的变易观。

四、不易观

（一）不易观基本内涵

1. 不易之道

不易即不变。不易观是指关于宇宙和自然不变之"道"的观念，即关

---

❶ 杨成绪. 韬光养晦 有所作为——邓小平外交思想浅议［EB/OL］（2004 - 08 - 09）［2022 - 09 - 06］. https：//news. sina. com. cn/w/2004 - 08 - 09/09293337254s. shtml.

❷ 习近平出席中央外事工作会议并发表重要讲话［EB/OL］.（2014 - 11 - 29）［2022 - 06 - 05］. http：//www. xinhuanet. com/politics/2014 - 11/29/c_1113457723. htm.

于宇宙和自然规律恒久不变的观念。太极哲学认为，"宇宙万物处在不断创生、变化、发展的永恒过程中，但宇宙万物的存在和变化发展中，毕竟有其相对稳定的本质。本质和规律是相互联系，可以互相诠释的范畴。"❶ 也就是说，宇宙万物的运动变化之中也有不易之道，这种不易之道就是规律，包括宇宙起源、发展、演变、消亡循环往复的根本规律和自然万物产生、发展、演变的规律。老子《道德经》曰："天得一以清，地得一以宁，神得一以灵，谷得一以盈，万物得一以生，侯王得一以为天下贞。"❷ 意思是说，天得到"道"而清明；地得到"道"而安宁；人得到"道"而有灵性；河谷得到"道"而充满流水；万物得到"道"而生长；侯王得到"道"而为天下首领。也就是说，天地万物都来源于"道"，如果失去了"道"，天地万物就不能存在下去。正如《中庸》所云："道也者，不可须臾离也。"❸ 以天地为根本，万物可以兴举，以阴阳为大端，正反两方面的情况都可以看清。

2. 道与德二位一体

老子认为，"道"与"德"是二位一体的。《道德经》曰："道生之，德畜之，物形之，势成之。是以万物莫不尊道而贵德。道之尊，德之贵，夫莫之命而常自然。故道生之，德畜之，长之育之，亭之毒之，养之覆之。生而不有，为而不恃，长而不宰，是谓玄德。"❹ 意思是说，"道"生长万物，"德"养育万物，万物形态纷呈，环境使万物成长。因此，万物无不尊崇"道"而珍贵"德"。"道"之所以受尊崇，"德"之所以被珍贵，就在于"道"和"德"对万物生长繁衍并不加以干涉，而顺其自然，

---

❶ 杨成寅. 成中英太极创化论［M］. 杭州：浙江大学出版社，2013：29.

❷ 老子. 道德经［M］. 徐澍，刘浩，注译. 合肥：安徽人民出版社，1990：109.

❸ 大学中庸译注［M］. 王文锦，译注. 北京：中华书局，2008：14.

❹ 老子. 道德经［M］. 徐澍，刘浩，注译. 合肥：安徽人民出版社，1990：140，141.

所以，"道"生长万物，"德"养育万物，使万物成长发展、成熟结果，对万物加以爱养和调护。万物生长却不据为己有，兴发万物却不自恃己能，长养万物却不自做主宰，这就是最为深远的"德"。

在老子看来，"道"与"德"是不可分割的统一体。"道"生长万物而不将其据为己有，"德"养育万物却不自以为是。"道"和"德"使万物顺其自然地生长而不被横加干涉，就像大地繁衍生命、哺育万物一样。因此，"道"与"德"是一体两面。

3. 遵道守德

儒家主张国家领导人要根据天地阴阳变化的法则施政，效法天理颁布政令。

老子认为，人类要想生存发展下去就必须遵守"道"与"德"。《道德经》曰："故道大，天大，地大，人亦大。域中有四大，而人居其一焉。人法地，地法天，天法道，道法自然。""执大象，天下往。往而不害，安平太。""不知常，妄作凶。知常容，容乃公，公乃全，全乃天，天乃道，道乃久，没身不殆。"❶ 意思是说，道大，天大，地大，人也大。宇宙中有四大，而人是四大之一。人取法于地，地取法于天，天取法于道，道的法则是自然的。谁掌握了大道，天下人都来向他投靠。投靠而不互相妨害，大家都平和安泰。老子把人放在道、天、地之中，主张人类要遵道而行。不认识规律，盲目乱干就会有"凶"的结果。认识规律才能一切从容，一切从容才能坦然大公，坦然大公才能无不周全，无不周全才能符合自然，符合自然才符合"道"，符合"道"才能长久，终身不会遭受危险。

老子还告诫世人："天道无亲，常与善人。""是以圣人处无为之事，行不言之教，万物作而弗始，生而弗有，为而不恃，功成而弗居。夫唯弗

---

❶ 老子. 道德经［M］. 徐澍，刘浩，注译. 合肥：安徽人民出版社，1990：71，97，44.

居，是以不去。"　"为无为，则无不治。"　"天地所以能长久者，以其不自生，故能长生。是以圣人后其身而身先；外其身而身存。非以其无私邪？故能成其私。"❶ 意思是说，自然规律对任何人都无所偏爱，却永远帮助善于按自然规律办事的人。所以圣人用无为的态度即不违背自然规律的态度处理世事，以身作则实行"不言"的教导，任凭万物自然生长而不加干涉；生养万物而不据为己有；为万物尽了力而不自恃己能；功成而不自居。正因为他不居功，所以他的功绩不会失去。圣人以不违背自然规律的方式治理政事，就没有治理不好的。天地之所以能长久，因为它们不是为自己而生存，所以能够长久。圣人把自身放在众人的后面，反而能赢得众人的拥护，被推为领导。把自己置之度外，生命反而能得保全。圣人由于不自私反而能成就自己的事业。

老子呼吁君主依道治国。他说："道常无名……侯王若能守之，万物将自宾……始制有名，名亦既有，夫亦将知止，知止可以不殆。譬道之在天下，犹川谷之于江海。"　"道常无为而无不为。侯王若能守之，万物将自化。化而欲作，吾将镇之以无名之朴。镇之以无名之朴，夫亦将不欲。不欲以静，天下将自定。"❷ 意思是说，"道"永远是无名的。侯王若能依"道"治天下，百姓们将会自动地服从。治天下就要立制度而定名分，名分既已有了，就要知道适可而止，知道适可而止就可以避免危险。道为天下人心所归，犹如江海为无数河川溪水所流归一样。"道"永远是顺其自然而无为的，然而又没有一件事不是它所为的。侯王如果能依照"道"的法则为政，百姓们就会自生自长而得以充分发展。在百姓们自生自长时如果有贪欲发生，就用"道"的真理来镇服。用"道"的真理来镇服，就不会有贪欲了。百姓们没有贪欲就安静了，天下自然就会安定。

❶ 老子. 道德经［M］. 徐澍，刘浩，注译. 合肥：安徽人民出版社，1990：217, 5, 8, 18.
❷ 老子. 道德经［M］. 徐澍，刘浩，注译. 合肥：安徽人民出版社，1990：90 - 91, 102 - 104.

在老子看来，人类在天道面前是非常渺小的。人再聪明、智慧再大也无法改变天道。人类若能遵道而行，世界就能处于一种良好的状态；人类若背道而行、失道而做，就会导致社会混乱。面对变化莫测的千难万险，人们要心怀正道，遵道而行，采用符合道理和实际的方法解决问题。

"从老子的标准来看，在人事世界中，只要是不合乎'道'和事物自身之'德'的活动和行为都是'妄作'。……人间不合乎'道'和'德'的'妄作'，主要是指掌握着大量权力和资源的统治者的一些行为。"❶ 那些利令智昏、肆意妄为的统治者最容易违背"道"，最容易"妄作"，其产生的恶果也最为严重。那些自私贪婪、损人利己、贪得无厌的人，纵然有高超智商，聪明绝顶，诡计多端，机关算尽，玩阴招，设陷阱，祸害他人，也只能得逞一时，最终会招致天道的惩罚而彻底失败。正如中国老话所说，"人在做，天在看""善有善报，恶有恶报""得道多助，失道寡助""得民心者得天下，失民心者失天下"。

第二次世界大战时期，希特勒的全球战略是，"以日耳曼种族优越论和生存空间论为理论基础，以称霸世界为目标，以欧洲为重点，以分化瓦解、各个击破为主要策略，以闪电战为主要军事手段。……首先建立中欧'大德意志帝国'，继而夺取欧洲大陆霸权，最后向海外发展。"❷ 1939 年 9 月，希特勒德国发动"闪电战"占领了波兰首都华沙，继而横扫欧洲。当德意志第三帝国走向顶峰之后，希特勒下令入侵苏联。德军遭到了苏联红军的顽强抵抗，苏联与美、英、法以及被侵略的欧洲国家和一些亚洲国家联合起来建立反法西斯统一战线，在反法西斯盟国的联合打击下，1945 年 5 月，德意志第三帝国战败并无条件投降。可见，一个国家虽然有强大的经济和军事实力，但是如果它恃强凌弱、侵略他国，妄图通过非正义的战

---

❶ 王中江. "道"与事物的三重关系：老子世界观的构造 [M] //中国哲学年鉴. 北京：哲学研究杂志社，2016：42 – 43.

❷ 王绳祖. 国际关系史：第六卷 [M]. 北京：世界知识出版社，1995：1.

争称霸世界，便从根本上违背了国际道义，违背了社会发展规律，虽然得逞一时，最终必然失败。

（二）不易观的现实运用和体现

太极哲学不易观在中国对外关系中体现的是坚守国际道义，主张国家之间互相尊重，反对霸权主义，维护世界和平。

中华人民共和国成立后，1954年，毛泽东就提出国家不论大小应该一律平等，指出："既然说平等，大国就不应该损害小国，不应该在经济上剥削小国，在政治上压迫小国，不应该把自己的意志、政策和思想强加在小国身上。"❶20世纪60年代初，中国高举反对霸权主义的旗帜，郑重向世界宣布"中国永远不称霸"。1972年中国与美国签署上海公报，周恩来总理阐明了中国方面的立场：中国反对任何霸权主义和强权政治。70年代末，中国进入改革开放新时期，以邓小平同志为核心的第二代领导人把"反对霸权主义，维护世界和平"确定为80年代的三大任务之一。80年代中期，邓小平提出"和平与发展"是当今世界的两大主题，中国是维护世界和平的重要力量。邓小平说："第三世界有一些国家希望中国当头。但是我们千万不要当头，这是一个根本国策。这个头我们当不起，自己力量也不够。当了绝无好处，许多主动都失掉了。中国永远站在第三世界一边，中国永远不称霸，中国也永远不当头。但在国际问题上无所作为不可能，还是要有所作为。作什么？我看要积极推动建立国际政治经济新秩序。我们谁也不怕，但谁也不得罪，按和平共处五项原则办事，在原则立场上把握住。"❷

江泽民在中国共产党第十四次全国代表大会上的报告指出："中国永远不称霸，永远不搞扩张，同时反对任何形式的霸权主义、强权政治和侵

---

❶　毛泽东外交文选［M］．北京：中央文献出版社、世界知识出版社，1994：191．
❷　邓小平文选：第三卷［M］．北京：人民出版社，1993：363．

略扩张行为。"胡锦涛在 2008 年博鳌亚洲论坛开幕式上发布讲话时说："中国奉行防御性国防政策,永远不称霸,永远不搞扩张。"

2014 年 6 月 28 日国家主席习近平出席和平共处五项原则发表 60 周年纪念大会上发表讲话说："中国不认同'国强必霸论',中国人的血脉中没有称王称霸、穷兵黩武的基因。中国将坚定不移沿着和平发展道路走下去,这对中国有利,对亚洲有利,对世界也有利……中国坚持不干涉别国内政原则,不会把自己的意志强加于人,即使再强大也永远不称霸。"2015 年 9 月 3 日习近平在纪念中国人民抗日战争暨世界反法西斯战争胜利70 周年大会上的讲话指出,"中华民族历来爱好和平。无论发展到哪一步,中国都永远不称霸、永远不搞扩张,永远不会把自身曾经经历过的悲惨遭遇强加给其他民族。"❶

新中国成立以来,中国一贯反对霸权主义,坚持"永远不称霸"的基本国策,顺应了社会发展规律,体现了太极哲学的不易观。

五、和谐观

"和谐"作为一个有着丰富内涵的哲学概念,其思想贯穿于《易经》《道德经》《黄帝内经》以及《论语》《礼记》等中国古代经典著作之中。和谐意指合理、妥当、恰到好处,即合乎规律、合乎真理、合乎实际,恰到好处地处理问题。

(一) 和谐观基本内涵

和谐观是太极哲学观察宇宙万物起源、发展、演化以至循环往复的世

---

❶ 习近平在纪念中国人民抗日战争暨世界反法西斯战争胜利 70 周年大会上的讲话 [EB/OL]. 中央政府门户网站,(2015 – 09 – 03)[2022 – 02 – 06]. http://www.gov.cn/xinwen/2015 – 09/03/content_2924561. htm.

界观之一，包括以下几方面的内涵。

1. 和谐是宇宙的基本性质

成中英的太极创化论认为，"和谐是宇宙万物的基本性质，也是宇宙万物的产生、存在、变化、发展的最重要的、最基本的根据。和谐当然是'太极'元范畴的不可缺少的基本内涵"。❶ 从整个宇宙生成、发展、演化来看，星系之间、星辰之间平衡和谐的运行维持了宇宙整体的发展演化，而星辰之间冲撞是偶尔发生的，星云和尘埃的冲撞与凝聚等剧烈运动是达到更高层次平衡与和谐的过程和方式。地球上的地震、海啸、飓风、火山爆发等自然现象并不是时时刻刻发生的，而每一次剧烈的地质运动会带来新的地质平衡，并持续相当长的时间。宇宙万物在"生生不息"的过程中，既存在矛盾、排斥、冲突和冲撞，也充满互生、互补、平衡与和谐。而平衡与和谐是宇宙的主导方面，是生生不息的主要条件和动力。"从总的趋势看，世界是一个不断生化的统合体。世间的事物有始有终，以和谐始，以期终于和谐。"❷ 事物存在阴阳的和谐统一，如"个别与整体和谐统一；差别与共性和谐统一；多元与一体的和谐统一；事物的平衡与卓越和谐统一；卓越与扩大和谐统一；合作协力与优化和谐统一；竞争与共赢和谐统一；……主体与客体和谐统一。"❸ 这是和谐观追求的目标。在合作协力中追求优化，在竞争冲突中力求沟通共赢。所以，尽管宇宙万物有千差万别，有对立冲突，但宇宙运行的大方向是趋于和谐与统一的。宇宙事物的变化过程中会产生和谐。

---

❶ 杨成寅. 成中英太极创化论［M］. 2 版. 杭州：浙江大学出版社，2013：47.
❷ 杨成寅. 成中英太极创化论［M］. 2 版. 杭州：浙江大学出版社，2013：23.
❸ 杨成寅. 成中英太极创化论［M］. 2 版. 杭州：浙江大学出版社，2013：23.

2. 宇宙有自我修复功能

太极哲学和谐观认为，宇宙有一种使不平衡达到平衡的自我修复功能。譬如宇宙无数星系形成后，恒星吸引其行星在相应的轨道上和谐地运行，而行星很少脱离自己的轨道发生互相碰撞，如果恒星和行星经常脱离自己的轨道互相碰撞，宇宙就无法存在和运行。地球也是如此，地球沿着自身轨道运转的同时，还围绕太阳运转，既有自转又有公转，同时还与其他行星互动。地球之所以能够孕育无数微生物和生物，是因为它具备生物繁衍所必需的恰到好处的和谐环境。自地球生成以来，有平衡和谐的状态，也有剧烈运动的状态，但在时空总量上，地球的平衡和谐状态是占多数的，否则地球无法孕育繁衍无数生物。所以，宇宙有一种趋向平衡与和谐的自我修复本能，地球也有这种功能。《易经·象传》曰："乾道变化，各正性命，保合太和，乃利贞。"❶ 意思是说乾道是创造万物之道，在其创造过程中各类生物都秉承了本身的特质与其所以成就的条件，自然形成了原始的和谐。宇宙万物各自按照自己的本性生息，就能向有利的方面正常发展，保持一个和谐的状态。太和是指天时节气的变化极其和谐，风调雨顺，万物皆受其利。阴阳二气处于高度和谐的状态。地球上的天时、地利保持太和状态就能萌生万物。儒家特别看重和谐。"对儒家来讲，和谐乃是实在界的基本状态和构成，"而冲突不过是一种不自然的失序和失衡。"人与自然相和谐、人与人相和谐，是儒家的生活理想和主观追求。"❷

《易经》的基本观点认为宇宙本身是最大的和谐，人类的本性也是趋向和谐的。庄子曰："唯达者知通为一，为是不用而寓诸庸。(《齐物论》)如果一个人能够在道的精神下一方面超越万物，另一方面又包容万物，那么就能够随时随地避开、化解冲突；因为他了解，冲突对立和

---

❶ 易经 [M]. 徐澍，张新旭，译注. 合肥：安徽人民出版社，1992：4.
❷ 杨成寅. 太极哲学 [M]. 上海：学林出版社，2003：225，226.

差异等现象，只不过是和谐与同一下的一面罢了，它们正是未来的和谐与同一之所由。"❶

3. 和而不同，和实生物

太极哲学和谐观认为，宇宙存在着多样性的统一。不同事物在一定条件下相互融合，会产生出新的事物，"和"是万物生长发育的依据。地球的大气圈、海洋圈、大地圈之间处于协调平衡状态，各种有机物和无机物相互融合，形成了适宜万物生长的环境，孕育出无数的动物、植物和微生物，以至最终孕育出高级智慧哺乳动物——人类。由此可见，有差异的事物在一定条件下可能演化成对立和冲突，但在适宜的条件下互相融合可以创生新的事物。所以，差异并不等同于矛盾，事物之间的差异有时候是和谐的必要条件。

中国历史上第一个对"和"进行理论提升并使之成为事物之本和天地法则的人，是西周末年的太史史伯。《国语·郑语》记载史伯说道："和实生物，同则不继。"意思是说"和"确能生成万物，"同"就不能增加万物，而只能止步不前。也就是说，不同因素的统一，不同物质的交流与融合，得以生成新的物质。两千多年前的史伯就已经认识到事物发展的根本法则就是"和"，即阴阳对立统一，事物的不断生成、丰富与发展是"和"的不断展现。这是很了不起的发现，也是中华文明持久不衰的先见之明。

孔子曰："君子和而不同，小人同而不和。"❷ 意思是说，君子能和谐共处，但不盲目附和，小人盲目附和却不能和谐相处。就人与人的关系而言，应当倡导"和而不同""求同存异"；就国与国的关系而言，应当倡导互相尊重，互利合作，和谐共存。"万物并育而不相害，道并行而不相悖"。

张岱年先生对和谐与冲突的关系做了这样的论述："凡物之毁灭，皆

---

❶ 杨成寅. 太极哲学 [M]. 上海：学林出版社，2003：229.
❷ 孔子. 论语 [M]. 程昌明，译注. 沈阳：辽宁民族出版社，1996：150.

由于冲突；凡物之生成，皆由于相对的和谐。""凡物之继续存在，皆在于其内外之冲突未能胜过其内部之和谐。如一物失其内在的和谐，必由于内部冲突而毁灭。生命之维持，尤在于和谐。"❶

4. 合理斗争

太极哲学和谐观虽然把和谐视为宇宙的基本性质和本能，但并不否认事物之间存在矛盾、冲突与斗争，而是主张在遵道守德的宗旨下用合乎规律、合乎真理、合乎实际的方法解决问题，该协调时就协调，该斗争时就斗争。孔子曰："唯仁者能好人，能恶人。"❷ 就是说，仁德之人能够慎重地去爱他人，也能够严肃地与恶人斗争。中国古语曰："得道多助，失道寡助""顺天而成""替天行道"。所以，人们在坚守正道的前提下，与恶人、坏人和来犯者进行斗争是十分必要的。一个国家在坚守正义的前提下，对侵略战争进行反侵略战争也是十分必要的。将和谐理解为"和事佬""和稀泥""一团和气"、不讲原则、不讲斗争，是对太极哲学和谐观的误解。

总之，太极哲学和谐观倡导人们做事要合乎规律、合乎真理、合乎实际；倡导人与自然和谐，人与社会和谐，人与人和谐，自我身心和谐。然而，国家在面对外来侵略打击时，要坚决自卫反击，以其人之道还治其人之身，必要时果断进行反侵略战争，从而捍卫国家和人民的利益。所以，坚守正义的国家既要与他国和平共处，又要有超强的自卫能力、高超的智慧和足智多谋的手段。这种合理的自卫反击式斗争与西方的二元对立"斗争哲学"完全不同。"斗争哲学"忽视宇宙、自然和人类社会的和谐事实，夸大矛盾、冲突与斗争，不停地寻找对手和敌人主动发起进攻。在某些国家则表现于国内针锋相对、你死我活的政党争斗，对外制造矛盾和地区冲

---

❶ 张岱年全集：第三卷 [M]. 石家庄：河北人民出版社，1996：194.
❷ 孔子. 论语 [M]. 程昌明，译注. 沈阳：辽宁民族出版社，1996：34.

突，干涉他国内政，破坏世界和平。这些行为与太极哲学和谐观完全背道
而驰。

（二） 和谐观的现实运用和体现

中华人民共和国成立后提出的和平共处五项原则就充分地体现了太极
哲学和谐观。1949 年 4 月 30 日毛泽东在一份声明中提出，即将成立的新
中国愿意在平等互利、互相尊重主权和领土完整的基础上，考虑同各外国
建立外交关系。❶ 新政协通过的共同纲领以临时宪法的性质，把平等互利、
互相尊重主权和领土完整等原则规定为新中国的外交指导思想。1953 年 12
月 31 日，周恩来在接见与中国存在着领土纠纷的印度政府代表团并举行谈
判时第一次提出了"互相尊重领土主权（后改为互相尊重主权和领土完
整），互不侵犯，互不干涉内政，平等互惠（后改为平等互利），和平共
处"的五项原则。1954 年 6 月，周恩来率领中国代表团访问印度时阐明了
和平共处五项原则的基本思想："世界各国不分大小强弱，不论其社会制
度如何，是可以和平共处的。各国人民的民族独立和自主权利是必须得到
尊重的。各国人民都应该有选择其国家制度和生活方式的权利，不应受到
其他国家的干涉。"❷ 周恩来与印度总理尼赫鲁就和平共处的基本原则达成
共识并发表联合声明。同年 6 月，周恩来率团访问缅甸，与缅甸总理吴努
也发表了联合声明。中印、中缅一致同意以和平共处五项原则作为指导两
国关系的基本原则。1955 年 4 月，在印度尼西亚举行了有 24 个亚非国家
政府首脑参加的万隆会议，周恩来在会上阐明了和平共处五项原则。❸ 万

---

❶ 中国共产党大事记·1949 年 ［EB/OL］. ［2022 - 10 - 16］. http：//cpc. people. com. cn/
GB/64162/64164/4416007. html？ ivk_sa = 1024330u.

❷ 王巧荣. 中华人民共和国外交史（1949—2019）：第二版 ［M］. 北京：当代中国出版社，
2020：44.

❸ 王巧荣. 中华人民共和国外交史（1949—2019）：第二版 ［M］. 北京：当代中国出版社，
2020：51.

隆会议发表的《关于促进世界和平与合作的宣言》提出了处理国际关系的十项原则，其中包括了和平共处五项原则的全部内容。此后，和平共处五项原则为越来越多的国家特别是发展中国家所认同。和平共处五项原则充分体现了中国传统文化"和而不同""协和万邦"的和谐思想。

1997年中、日、韩与东南亚国家联盟建立了"9+3"合作机制（1999年柬埔寨加入东盟后成为"10+3"）；2001年6月，中国与俄罗斯及中亚国家建立了上海合作组织；同年12月，中国加入了世界贸易组织（WTO）；21世纪初，中国政府提出了"互信、互利、平等、协作"新安全观；2005年，中国政府积极奉行"与邻为善、以邻为伴"的外交方针和"睦邻、安邻、富邻"的外交政策，不断发展同周边国家的友好合作关系。2012年中国与中东欧国家建立了"16+1"合作机制；2013年中国提出"一带一路"倡议，倡导沿线国家"政策沟通、设施联通、贸易畅通、资金融通、民心相通"；改革开放以来，中国奉行"结伴而不结盟"的政策。截至2022年10月，中国与113个国家和地区组织建立了不同形式的"伙伴关系"。所有这一切都体现了"和而不同""和谐共存"的和谐观。

2002年12月24日，江泽民访问美国发表的演讲阐述了中国对外关系"和而不同"的理念。他说："两千多年前，中国先秦思想家孔子就提出了'君子和而不同'的思想。和谐而又不千篇一律，不同而又不相互冲突。和谐以共生共长，不同以相辅相成。'和而不同'，是社会事物和社会发展的一条重要规律，也是人们处世行事应该遵循的准则，是人类各种文明协调发展的真谛。……我们主张，世界各种文明、社会制度和发展模式应相互交流和相互借鉴，在和平竞争中取长补短，在求同存异中共同发展"。❶

2003年12月10日，温家宝在哈佛大学发表演讲说："中国拥有5000年的文明史，中华民族的传统文化博大精深、源远流长。早在2000多年

---

❶ 熊月之. 和谐社会论 [M]. 北京：时事出版社，2005：32.

前，就产生了以孔孟为代表的儒家学说和以老庄为代表的道家学说，以及其他许多也在中国思想史上有地位的学说流派。从孔夫子到孙中山，中华民族传统文化有它的许多珍贵品，许多人民性和民主性的好东西。比如，强调仁爱，强调群体，强调和而不同，强调天下为公。这些传统美德对家庭、国家和社会起到了巨大的维系与调节作用。"❶"进入二十一世纪，人类面临的经济和社会问题更加复杂。文化因素将在新的世纪显发挥更加重要的作用。……各民族的文明都是人类智慧的成果，对人类进步作出了贡献，应该彼此尊重。"用"和而不同"的观点观察、处理问题，不仅有利于善待友邦，也有利于国际社会化解矛盾。❷

六、太极哲学与马克思主义哲学之异同

太极哲学产生于两千多年前的先秦时期，马克思主义哲学产生于 19 世纪欧洲社会大动荡、大变革时期。虽然两者产生的时间相隔甚远，但都探索了哲学范畴的世界观、方法论。所以，太极哲学与马克思主义哲学相比较，既有共同点，也有不同点。

（一）共同点

1. 均为唯物论

太极哲学植根于两千多年前中国古代农业文明土壤之中，阐释太极哲学思想的老子、孔子、庄子等古圣先贤观天象、察地理，从宇宙、大自然

---

❶　温家宝在哈佛发表"把目光投向中国"的演讲 [EB/OL].（2003 - 12 - 11）[2022 - 05 - 11]. https：//www. chinanews. com. cn/n/2003 - 12 - 11/26/379636. html.

❷　温家宝在哈佛发表"把目光投向中国"的演讲 [EB/OL].（2003 - 12 - 11）[2022 - 05 - 11]. https：//www. chinanews. com. cn/n/2003 - 12 - 11/26/379636. html.

运动变化中寻找"天道""地道"和"人道",从物质的阴阳运动变化角度阐发了宇宙的起源、发展、演化以至循环往复的规律,论述了自然规律、社会规律和伦理道德。所以,太极哲学是中国古圣先贤创立的朴素唯物论。

马克思主义哲学产生于19世纪的欧洲,英国及欧洲大陆工业革命和科学技术的发展为马克思主义的创立提供了物质基础。马克思主义哲学认为,世界是物质的,运动是物质的根本属性,物质世界永远按照自己固有的规律运动着、发展着。物质世界是由无数相互联系、相互依赖、相互制约、相互作用的事物所形成的统一整体。事物的普遍联系是同事物的运动、变化、发展密不可分的。事物按照对立统一、质量互变和否定之否定三大规律发展变化,并螺旋式上升,循环往复以至无穷。所以,马克思主义哲学是近代产生的辩证唯物论。

2. 都有整体观

太极哲学认为宇宙是一个动态的整体,老子的《道德经》首创宇宙按道运行从无到有运动变化的整体观。太极哲学整体观强调用整体和部分有机统一的眼光看待事物。儒家关于未来理想社会的憧憬是"天下为公,世界大同",也是一种整体观的图景。中国古代盛行的"家国同构""有国才有家"的思想也反映了太极哲学的整体观。中国人很容易接受集体主义和马克思主义,很容易接受科学社会主义理论和共产主义理想,与中国传统太极哲学整体观有密切关联。

马克思主义哲学也强调整体论,认为:"物质世界是由无数相互联系、相互依赖、相互制约、相互作用的事物所形成的统一整体。宇宙间任何事物都不是孤立地存在的,它总是同周围其他事物相互联系着、相互依赖着、相互制约着、相互作用着。""我们所面对着的整个自然界形成一个体系,即各种物体的相互联系的总体,……这些物体是相互联系的,这就是说，它们是相互作用着的，并且正是这种相互作用构成了运动。"❶ 马克思主义唯物辩证法主张全面地看问题，既看到整体，又看到部分，还要看到两者之间的有机联系和运动变化，反对思维上的片面性、极端化和静止论。

3. 都承认对立统一规律

太极哲学阴阳观认为，事物存在一体两面，即阴阳两面，看问题既要看到阴的一面，又要看到阳的一面，阴阳之间既有对立、矛盾、冲突的一面，又有协调、平衡、和谐的一面，还有阴阳相生、相克、消长、互根、互补、互渗、互转以及阴阳平衡的运动变化。人们须通过努力使不协调的事物达致协调，使不平衡的事物达致平衡，以达到事物的和谐状态。

马克思主义哲学的根本法则是对立统一论，认为事物是对立统一的和普遍联系的。"事物的普遍联系多种多样，有内部联系和外部联系、本质联系和非本质联系、必然联系和偶然联系、主要联系和次要联系、直接联系和间接联系等等，它们对事物的存在和发展所起的作用是不同的。在事物的存在和发展过程中起支配作用的是事物本身发展的规律性。"❷ 事物之间既有相互对立、矛盾、冲突、斗争的一面，又有相互依存、渗透、转化的一面。马克思主义哲学主张看问题要一分为二，合二为一。所以，太极哲学和马克思主义哲学都承认事物的对立统一规律。

4. 都承认客观规律的可知性

太极哲学不易观认为宇宙是运动变化的，但变化之中也有相对不变的"道"，"道"就是自然规律。人类可以通过观天象、察地理发现自然规律，

---

❶ 艾思奇. 辩证唯物主义历史唯物主义 [M]. 北京：人民出版社，1961：70，71.
❷ 艾思奇. 辩证唯物主义历史唯物主义 [M]. 北京：人民出版社，1961：74.

也可以通过研究人类社会历史和现实发现社会发展规律，所以，自然规律和社会规律是可以被人类逐渐发现和认识的。太极哲学的整体观、阴阳观、变易观、不易观、和谐观是人对客观规律的认识，并可以运用于分析问题和解决问题。

马克思主义哲学认为，客观世界是有规律的，人类可以从实践—认识—再实践—再认识的过程中发现客观规律，检验客观规律，并且按照客观规律做事。马克思、恩格斯站在历史的制高点俯瞰人类的过去、现在和未来，从人类社会的基本事实出发，运用科学方法进行研究，创立了马克思主义哲学、政治经济学和科学社会主义的庞大理论体系，从而发现了人类社会基本矛盾运动规律，论证了社会主义社会必然代替资本主义社会的发展规律，预见了人类社会的未来走向——共产主义社会。

（二）不同点

1. 产生的时代不同

太极哲学的基本内涵是先秦至汉时期中国古圣先贤在其所著的经典著作中阐述的。那时的中国处于农耕文明的农业社会，语言文字的表达均受当时历史时代和生产力水平所限。先贤们的文章大多书写在竹简上，不可能长篇大论地著书立说，只能用简练的文字表述其结论性的思想观点。所以，古圣先贤的著作都是一段一段语录式的文字表达，中国古代典籍大都言简意赅、观点明确，寓意深刻。

马克思主义哲学产生于19世纪的欧洲，当时工业革命已经发生，欧洲正从封建社会向资本主义社会过渡，资产阶级革命和无产阶级革命交织在一起。马克思恩格斯得以用大量翔实的历史资料和实证材料论证自己的理论。马克思恩格斯继承发展了古希腊哲学辩证逻辑思维论证的传统，其哲学著作大多逻辑严谨，事实充分，体系完整，有些著作洋洋洒洒几十万字。他们的著作概念明确、批判性强。由于时代不同，马克思主义哲学与中国古代太极哲学的表述方式有很大的不同。

黑格尔曾将中国和印度的哲学归类为"东方哲学"，并将"东方哲学"与以古希腊哲学为根基的"西方哲学"进行对比。他认为，"东方哲学"尤其是孔子的儒家思想仅仅是一些停留在表面的零散的伦理学观点，并没有上升到"西方哲学"那种纯粹的高级精神形态。黑格尔甚至将"东方哲学"剔除出了哲学梯队，认为东方古代思想文化是低于哲学层面的，是通往哲学层面的中间阶段，是预备形态的哲学。然而，老子和孔子的经典著作虽然是语录式的，但其每一段话语都有内在的逻辑性，许多精练的语录揭示了自然规律和社会规律。从探索、发现和揭示客观规律的角度看，中国古圣先贤所阐述的和谐思想世界观、方法论也属于哲学范畴。只是由于社会阶段和历史时代的限制，其表述方式与西方哲学和马克思主义哲学不同而已。

2. 对差异和矛盾的认识不同

太极哲学阴阳观认为，宇宙万物均为阴阳一体，阴阳对立统一。事物既有差异性，也有矛盾性，但差异不等于矛盾，有差异的事物在一定条件下可能产生矛盾，但在适宜的条件下，差异却是新事物创生的基础。正所谓"和实生物，同则不继"。从这个意义上说，差异和矛盾都是事物发展的条件，而斗争、和谐是社会发展的动力。

然而，一些研究马克思主义哲学的学者将差异等同于矛盾，认为差异就是矛盾，"事物发展的原因在于它内部的矛盾性"❶，而没有认识到差异与矛盾的不同。差异是指事物之间的差别与不同；矛盾是指事物之间的对

---

❶ 艾思奇. 辩证唯物主义历史唯物主义 [M]. 北京：人民出版社，1961：6.

立关系。有差异的事物在一定条件下可能产生矛盾，但在适宜的条件下则可以创生新的事物。如夫妻交合生出儿女，氢气和氧气化合生成水等。在大自然和人类社会，有无数"和实生物"的事实。

如果不能认清事物的差异与矛盾的区别，将两者混为一谈，忽视差异的两重性，否认"和实生物"的客观存在，就会忽视"和而不同""求同存异""和谐共存"的客观存在。

3. 对和谐的性质认识不同

太极哲学将和谐视为宇宙的根本性质，认为宇宙有一种使不平衡的事物达至平衡，使不和谐的事物达至和谐的本能，总体来说，宇宙的和谐多于冲突。事物之间出现矛盾冲突是因为打破了平衡与和谐，解决问题的主要方法是遵守"天道""地道"和"人道"，即按照自然规律、社会规律和人与人关系的规律做事，使不协调的事物达至协调，使不平衡的事物达至平衡，使不和谐的事物达至和谐。太极哲学和谐观既看到了事物的差异、对立、矛盾、冲突，又看到了事物的相互依存、相互渗透、相互转化、相互融合、相互平衡，其认识问题和解决问题的出发点和落脚点是和谐，但是对于事物之间的冲突和斗争则论述得不够充分。

马克思主义哲学认为，对立统一规律是事物发展的普遍规律，对立统一的矛盾运动是事物发展的根本原因。毛泽东的《矛盾论》对事物之间的对立、矛盾、冲突、斗争论述得极为深刻，但对于事物之间的和谐论述得较少，没有像太极哲学那样将和谐上升到宇宙的根本性质的高度来认识。

总之，太极哲学与马克思主义哲学都是探索自然规律和社会发展规律的学问，马克思主义为无产阶级和劳动人民反抗资产阶级压迫，推翻资本主义统治，建立无产阶级政权，建设社会主义社会，走向共产主义社会指明了现实可行的道路。太极哲学通过对"天道""地道"和"人道"的认识和理解，探索宇宙起源、发展、演变以至循环往复的规律和自然万物以及人类社会产生、发展、变化的规律，提出了人类社会不同文明、不同民族之间"和而不同""和实生物""和谐共生""和谐共存"的理念。虽然两者产生的时代不同，社会环境不同，但是在探索发现自然规律和社会发展规律方面不谋而合，殊途同归。

第四章　和谐思想方法论——阴阳辩证法

中华传统文化和谐思想的方法论是阴阳辩证法。中国古圣先贤十分重视研究事物的阴阳关系，并将阴阳运动变化视为万物之源、万事之本。老子曰："万物负阴而抱阳，冲气以为和。"❶任何事物都是阴阳一体运动变化，万物在阴阳运动变化中发展，阴阳和谐有利于事物的生长，阴阳不和有害于事物生长。《黄帝内经·素问·阴阳应象大论》曰："阴阳者，天地之道也，万物之纲纪，变化之父母，生杀之本始，神明之府也，治病必求于本。"❷

太极哲学世界观着重研究宇宙起源、运动、消亡、再生的循环往复规律，阴阳辩证法则是分析问题、解决问题的思维方法。宋朝周敦颐所著的《太极图说》解释了阴阳鱼太极图。阴阳鱼图表示阴阳两种事物共存于一个统一体内，阴中有阳，阳中有阴。阴阳互为根据，互相依存，互相渗透，互相转化。阴阳平衡即呈现和谐状态，失衡则呈现矛盾冲突。老子的道家哲学把"以柔克刚"的道理讲得非常透彻，这种认识超出常人的观念，更是一些西方政客所固守的二元对立"斗争哲学"所难以理解的。

有一位外国专家来清华大学访问，他在一次座谈会上拿出三张图像（见图4-1），说明印度、西方和中国的思维方式。"第一张图只画了一个

---

❶ 老子. 道德经 [M]. 徐澍，刘浩，注译. 合肥：安徽人民出版社，1990：119.
❷ 上古·太古真人. 黄帝内经 [M]. 敖清田，倪泰一等译. 成都：四川科学技术出版社，1995：7.

圆圈，他说这代表印度人的思想方法，认为大千世界，一切有形之物皆生于无，故曰'色即是空，空即是色'，'一切有为法，如露亦如电，如梦幻泡影，应作如此观'。第二张图有一个圆圈，中央一条由上到下的纵线分开，半面白色，半面黑色，他说这代表西方人的思想方法。西方人从近代科学出发，用实验证明，有就有，无就无，十分绝对化。……第三张图就是中国人的易学的太极图，他说这就是中国人的思想方法。太极图像旋涡形，如两鱼头尾相交，黑中有白，白中有黑，阴阳互根，这概括了宇宙的本体及天地万物运动变化的总规律。"❶ 笔者认为，这个阴阳鱼图就是传统和谐思想的方法论阴阳辩证法的图示。

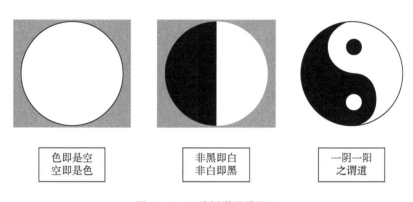

色即是空
空即是色

非黑即白
非白即黑

一阴一阳
之谓道

图 4 -1　三种哲学思维图示

一、阴阳辩证法根本法则

1. 一阴一阳之谓道

阴阳辩证法的根本法则就是《易经》系辞上传所云："一阴一阳之谓

---

❶ 邹学熹. 易学精要 ［M］. 成都：四川科学技术出版社，1997：87 - 88.

道。""是故易有太极，是生两仪。两仪生四象，四象生八卦。八卦定吉凶，吉凶生大业。"❶ 意思是说，阴阳化合而生万物，一阴一阳产生宇宙万象。《易经》的本原是太极，太极一分为二产生两仪，两仪一分为二产生四象，四象又演变为八卦，有了八卦就有可能判断吉凶，断定了吉凶就能促进事业的发展。太极含阴阳，阴阳合而为太极。太极是阴阳的分中有合，阴阳是太极的合中有分。"太极是合二为一、一中有二，阴阳是一分为二、二中有一。总之是，太极不离阴阳，阴阳不离太极。离太极无阴阳，离阴阳无太极。"❷

《易经》用一种抽象的辩证逻辑模型描述宇宙规律，其中两种最基本的逻辑要素就是阴" －－ "和阳" － "，八卦和六十四卦都是由阴阳排列的变化衍生出来的。《易经》的宇宙思维模式是"天人合一"，是一种阴阳变易的思维方式，采用阴阳对立统一的思维方法说明事物变化的原因和规律，强调事物永远处于变化之中，阴阳和谐是最佳状态，当事物之间的阴阳平衡被打破时，就产生矛盾、冲突或斗争，此时应当积极促进新的阴阳平衡出现。

老子《道德经》曰："天下万物生于有，有生于无。"❸ 意思是说天下万物产生于看得见的有形质，看得见的有形质产生于看不见的无形质。"有"在一定条件下可以转化为"无"，"无"在一定条件下可以转化为"有"。"有"和"无"都是宇宙万物存在的不同形态。这就是说，宇宙之中的万事万物是由阴阳合一的物质所构成的。如天与地，太阳与月亮，白天与夜晚，男人与女人，父亲与母亲，等等。易经八卦由基本的阳爻和阴爻变化组合而成，然后演绎出六十四卦，代表着宇宙万物的千变万化。所以，事物之间有阴阳关系，事物内部有阴阳关系，阴阳之中还有阴阳。阴

---

❶ 易经 [M]. 徐澍, 张新旭, 译注. 合肥：安徽人民出版社, 1992：363, 374.
❷ 杨成寅. 太极哲学 [M]. 上海：学林出版社, 2003：24.
❸ 老子. 道德经 [M]. 徐澍, 刘浩, 注释. 合肥：安徽人民出版社, 1990：113.

阳不仅有差异、对立、矛盾、冲突和斗争，而且互存、互补、互根、互渗、互融、互转。阳根于阴，阴根于阳，无阳则阴无以生，无阴则阳无以化。阳蕴含于阴之中，阴蕴含于阳之中。当代天文学发现，我们能够观察到的宇宙属于"可见宇宙"，在此之外还有"不可见宇宙"；物质之外还有暗物质，能量之外还有暗能量。《易经》所说的阳与阴，在这里也可以解释为可见宇宙与不可见宇宙、物质与暗物质、能量与暗能量相对应的关系。

中医学运用阴阳五行理论防病、诊病和治病。《黄帝内经》是中医学的开山之作，是中国古人运用阴阳五行辩证思维探病治病的医经，它既是一部中医学经典，又是一部医学哲学著作。《黄帝内经》包括"素问"和"灵枢"两部分，其基本素材来源于中国古人对大自然运动变化和生命现象的长期观察，既是治病之书，又是养生之经。

《黄帝内经》"法于阴阳，和于术数"❶，运用阴阳五行学说研究人体五脏六腑和经络分布，寻找病因，开方治病。从阴阳五行变化的整体论出发观察人的身体病变和心灵问题，通过增强人的免疫系统和自我修复能力治愈疾病，强调人的身体内部五脏六腑的平衡与协调，认为人体内在器官的阴阳平衡是健康的标志。中医治病就是把身体内在器官的淤堵打通，使阴阳的不平衡达致平衡，使阴阳的不和谐达致和谐。中医理论强调人与自然和谐，人与社会和谐，人与人和谐，自我身心和谐。中医不仅治疗人体疾病，而且体现了对人类生命的终极关怀。太极哲学和阴阳辩证法在中国流传至今，与中医的发展密不可分。中国古代建筑学、风水学、园林设计、艺术、太极拳、气功等与百姓生活密切相关的学问也都有阴阳辩证法的实际运用。所以，阴阳辩证法不仅是一种哲学方法论，而且融会贯通于中国人的日常生活之中。

---

❶ 上古·太古真人. 黄帝内经 [M]. 敖清田，倪泰一，等译. 成都：四川科学技术出版社，1995：1.

阴阳辩证法根本法则"一阴一阳之谓道"告诉我们，任何事物都有"一体两面"，观察问题和分析问题要从"一阴一阳"两个方面入手，同时还要考虑阴阳互动的复杂关系。也就是说，分析问题既要看到正面，又要看到负面；既要看到优点，又要看到缺点；既要看到有利的一面，又要看到不利的一面；既要考虑自己的利益需求，又要考虑对方的利益需求。当遭遇对手或敌人进攻时，既要能果断地反击，又要有很强的协调能力，使不协调达致协调，使不平衡达致平衡，使不和谐达致和谐。

2. "一阴一阳之谓道"的现实运用和体现

"一阴一阳之谓道"思维方法在中国对外关系中有明显的体现。1949年中华人民共和国成立初期，中国倒向以苏联为首的社会主义阵营，与苏联及东欧国家建立外交关系，友好往来。这一时期苏联给予了新中国大力支持。1950年2月，中国和苏联签订了第一个贷款协定，金额为2亿旧卢布（折合3亿美元），年利率1%，10年内偿还。当年，苏联就开始向中国援助了第一批50个大型工程项目。1953年9月，苏联承诺援助中国新建和改建91个规模巨大的工程项目。1954年10月，双方签订了关于苏联政府给予中国政府5.2亿卢布长期贷款的协定及苏联政府帮助中国政府新建15个中国企业和扩大院友协定规定的141项企业设备的供应范围的议定书。至此，苏联对华援建工程达到156项，这些项目构成了中国"一五"计划工业建设的主体，对初步奠定中国工业化的基础发挥了重大作用。1958年8月，中苏两国又签订了关于就新建和扩建47个工业企业和电站向中国提供技术援助的协定。整个50年代，苏联帮助中国建设的成套设备建设项目共计304项，单独车间和装置64项。❶

这一时期，中国加入以苏联为首的社会主义阵营，与以美国为首的西

---

❶ 王巧荣. 中华人民共和国外交史（1949—2019）［M］. 2 版. 北京：古代中国出版社，2020：58 – 59.

方阵营展开了坚决斗争。中美还在朝鲜战场打了一仗，中国表现出了捍卫国家利益的坚定意志。

赫鲁晓夫执政期间，1958 年 4 月，苏联向中国提出两国在中国境内共同建设、共同所有和共同使用的大功率长波电台，中方对此表示反对，明确表示电台由中方负责建设，主权属于中国，建成后两国共同使用。一波未平一波又起，苏联又向中国建议在华建立共同潜艇舰队，当即遭到毛泽东的严词拒绝。1958 年 8 月 3 日，中国与苏联正式签订关于中国大功率长波无线电发信台和远距离无线电收信中心有关协定。协定规定，长波电台由中国自建，苏方提供技术援助，所需费用全部由中方负担。建成后中、苏双方共同使用。❶ 可见，即便是在中苏关系友好时期，在涉及国家主权和领土问题上，毛泽东依然表现出了坚决捍卫国家利益的立场，展现了柔中有刚的阴阳辩证思维。

20 世纪 60 年代，中国共产党与苏联共产党在国际共产主义运动和两国关系等重大问题上发生了分歧，两党开展了大论战，两国关系破裂，中国脱离了苏联东欧阵营。与此同时，中国继续与美国为首的西方阵营为敌，呈现"两个拳头打人"。中国对外关系面临严峻局面。在艰难的形势下，毛泽东把目光转向了亚非拉。中国积极支持亚非拉国家反对帝国主义和殖民主义的民族独立运动。70 年代初，毛泽东提出了"三个世界"的论断，及时改变了"两个拳头打人"的策略。中国开始与美国缓和关系。1971 年 7 月基辛格秘密访华，1972 年 2 月美国总统尼克松访华，1979 年 1 月 1 日《中华人民共和国和美利坚合众国关于建立外交关系的联合公报》正式发布。在中美苏大三角关系中，中国联美抗苏，表现出了持经达变、刚柔并济的灵活性。

1978 年改革开放以后，中国以经济建设为中心，对内改革，对外开

---

❶ 王巧荣. 中华人民共和国外交史（1949—2019）［M］. 2 版. 北京：当代中国出版社，2020：69 - 70.

放，由国家指令性计划经济向社会主义市场经济转轨，中国在与苏联缓和关系的同时，与美国的经贸和文化交流日益频繁；90 年代初苏联解体，东欧剧变。中国与俄罗斯以及中亚、波罗的海地区的国家建立了外交关系。与此同时，继续大力发展与美国的经贸文化关系，中美关系进入"蜜月期"。中国与西方国家和周边国家积极开展经贸往来，主动融入经济全球化大潮，在全世界建立了各种"伙伴关系"。中国在对外关系中广交朋友与伙伴，在与不同意识形态和社会制度的国家交往中，既考虑本国的利益，又考虑他国利益，互利互助，合作共赢，为改革开放之后中国经济的高速发展营造了相对和平稳定的周边环境和国际环境。

21 世纪以来，随着中国经济实力持续增长，2010 年中国 GDP 总量位居世界第二，美国统治集团将中国视为战略竞争对手。奥巴马政府制定了"重返亚太"战略。在这样的形势下，中方对美方尽可能地释放善意和诚意，表现出柔性的一面。2013 年 6 月 7 日习近平主席访问拉美期间顺道前往美国与奥巴马总统会晤，习近平指出：当前，中美关系又站在一个新的历史起点上。从各自国家经济发展到促进全球经济稳定复苏，从处理国际和地区热点问题到应对各种全球性挑战，两国都拥有重要的利益汇合点，都需要加强交流合作。我们双方应该从两国人民根本利益出发，从人类发展进步着眼，创新思维，积极行动，共同推动构建新型大国关系。❶ 2016 年 6 月 6 日，习近平主席在第八轮中美战略与经济对话和第七轮中美人文交流高层磋商联合开幕式上发表题为《为构建中美新型大国关系而不懈努力》的讲话指出：中美两国应该从两国人民和各国人民根本利益出发，勇于担当，朝着构建中美新型大国关系的方向奋力前行。中美合作成果给我们最根本的启示就是，双方要坚持不冲突不对抗、相互尊重、合作共赢的原则，坚定不移推进中美新型大国关系建设。零和博弈、冲突对抗早已不

---

❶ 习近平同奥巴马总统举行中美元首会晤 [N]. 人民日报，2013 - 06 - 09 (01).

合时宜，同舟共济、合作共赢成为时代要求。中美要增强两国互信。要防止浮云遮眼，避免战略误判，就要通过经常性沟通，积累战略互信。我们要积极拓展两国互利合作。要秉持共赢理念，不断提高合作水平。我们要就亚太事务加强沟通和合作。宽广的太平洋不应该成为各国博弈的竞技场，而应该成为大家包容合作的大平台。中国奉行亲、诚、惠、容的周边外交理念，始终致力于促进亚太和平、稳定、发展。中美在亚太地区拥有广泛共同利益，应该保持经常性对话，开展更多合作，应对各种挑战，努力培育两国共同而非排他的"朋友圈"，都做地区繁荣稳定的建设者和守护者。❶

2017 年 1 月，特朗普就任美国总统之后，中方继续主动与美方沟通对话。4 月 6 日，习近平主席访问美国与特朗普总统会谈时指出，中美两国关系好，不仅对两国和两国人民有利，对世界也有利。我们有一千条理由把中美关系搞好，没有一条理由把中美关系搞坏。中美关系正常化 45 年来，两国关系虽然历经风风雨雨，但得到了历史性进展，给两国人民带来巨大实际利益。中美关系今后 45 年如何发展？需要我们深思，也需要两国领导人作出政治决断，拿出历史担当。合作是中美两国唯一正确的选择，我们两国完全能够成为很好的合作伙伴。双方可以继续通过各种方式保持密切联系。要充分用好新建立的外交安全对话、全面经济对话、执法及网络安全对话、社会和人文对话 4 个高级别对话合作机制。要做大合作蛋糕，制定重点合作清单，争取多些早期收获。推进双边投资协定谈判，推动双向贸易和投资健康发展，探讨开展基础设施建设、能源等领域务实合作。要妥善处理敏感问题，建设性管控分歧。双方要加强在重大国际和地区问题上的沟通和协调，共同推动有关地区热点问题妥善处理和解决，拓展在防扩散、打击跨国犯罪等全球性挑战上的合作，加强在联合国、二十国集

---

❶ 杨晔，孟祥麟，赵成. 习近平出席第八轮中美战略与经济对话和第七轮中美人文交流高层磋商联合开幕式并发表重要讲话［N］. 人民日报，2016－06－07.

团、亚太经合组织等多边机制内的沟通和协调，共同维护世界和平、稳定、繁荣。❶ 可见，特朗普上台后，中方对中美关系的继续发展表达了极大的善意和诚意。然而，特朗普政府并不理会中方的善意和诚意，而是奉行"美国优先"政策，将中国定为最大的战略竞争对手，发起了对中国的贸易战。

在美国总统特朗普执政期间，2018 年 7 月 6 日中美贸易战开始。美国对从中国进口的约 340 亿美元的商品征收 25% 的关税，包括汽车、硬盘和飞机零部件。中国采取反制措施，对原产于美国的 545 种商品征收 25% 的关税，共价值 340 亿美元，其中包括农产品、汽车和水产品。

2018 年 8 月 23 日，美国对价值 160 亿美元的中国商品再征收 25% 的关税，并对另外 160 亿美元的中国商品征收 25% 的关税，包括钢铁产品、电气机械、铁路产品、仪器和设备。中国相应的反制措施是对 160 亿美元的美国商品征收 25% 的关税，包括哈雷戴维森摩托车、波旁酒和橙汁。

2018 年 9 月 24 日，美国对 2000 亿美元的中国进口商品征收 10% 的税。中国的回应是对 600 亿美元的美国商品征收关税。

2018 年 12 月 1 日，中美在 G20 峰会上就贸易战达成休战协议。在中国承诺购买"大量"的美国出口商品后，中美两国元首同意达成 90 天的贸易休战，以便进一步谈判解决美国的关切。

2019 年 5 月 10 日，在中美贸易谈判破裂后，美国将价值 2000 亿美元的中国商品的关税从 10% 提高到 25%。中国宣布 6 月 1 日起对已实施加征关税的 600 亿美元的美国产品加征关税税率。9 月 1 日，美国对价值超过 1250 亿美元的中国进口商品如期开始征收关税，中国宣布从 9 月 1 日和 12 月 15 日对 750 亿美元的美国商品征收 5% 和 10% 的关税。中国还确认将从

---

❶ 安百杰. 习近平同特朗普开始举行中美元首会晤 [EB/OL]. (2017 – 04 – 07) [2022 – 02 – 05]. http：// china. chinadaily. com. cn/2017 – 04/07/content_28837104_3. htm.

12 月 15 日起恢复对美国汽车和汽车零部件的关税。❶

特朗普政府不仅发起对华贸易战，而且还采取了一系列打压中国的措施，如制裁中国高科技企业和员工，关闭中国驻美国休斯敦总领馆，支持海外反华势力攻击中国，中美关系急剧恶化。

2022 年 1 月，拜登上台后继续将中国视为最大的战略竞争对手进行打压，拜登政府竭力拉拢、联合欧盟、北约、西方盟友以及印度，推行"印太战略"，在中国周边布局，对中国进行围堵，美国军机和军舰频繁巡航台海和南海地区，挑衅滋事。中方一边对美方的挑衅行为进行坚决斗争，一边继续向美国喊话，希望两国继续互利合作，表现出了刚柔并济的辩证思维和应对策略。

当前，中美关系进入两国建交以来的低谷期，困难重重，挑战严峻。如何应对美国的挑衅和打压？"一阴一阳之谓道"告诉我们，要用阴阳辩证的思维看待中美关系，目前的中美关系既有消极的一面，也有积极的一面。消极的一面是美国统治集团把中国视为战略竞争对手甚至敌人，在经贸、政治、文化、社会等领域处处打压限制中国，某些极右政客甚至督促美国政府采取与中国经济脱钩的政策，以摆脱对中国的经济依赖。一些美国主流媒体大肆渲染"中国威胁论"，猛烈攻击中国，在美国民众中营造反华氛围。与此同时，一些中国自媒体也散布极端反美的民粹主义思想，中美两国在各个领域的交往遇到了极大的困难和阻碍。积极的一面则是中美经济贸易关系依然十分密切，2021 年中国是美国的第二大贸易伙伴、第三大出口市场和第一大进口来源地，美国是中国的第二大贸易伙伴、第二大出口市场和第六大进口来源地。双方在自然资源、市场资金、技术、商

---

❶ 中美贸易战时间轴最全梳理［EB/OL］.（2021－09－17）［2022－05－06］. https：// mp. weixin. qq. com/s？_biz = MzIwMzYyMzQ5MQ = = &mid = 2247532145&idx = 1&sn = 66d94dd30d29 73c102a6bb771fb5e587&chksm = 96cea35da1b92a4beed924fb96292d28b66c705e612899fc63b6d03570ed 42fb5c256ddb60e3&scene = 27.

品交换等各方面仍然有很强的互补性和互渗性，"你中有我，我中有你"的经济关系依然存在。一些有理性的美国精英和企业人士希望中美两国继续进行经贸往来，反对"经济脱钩"。中美两国的普通民众期待中美关系继续发展。

美国统治集团和极右政客把中国视为对抗性竞争对手甚至敌人，与他们头脑中存在的斗争哲学思维方式有很大关系。这些人用"非黑即白""非白即黑"二元对立的思维方式看待世界，时刻寻找对立面和假想敌，头脑中充斥着"唯我独尊""零和博弈""修昔底德陷阱"等思维定式，对于国际关系问题常常是只考虑美国利益，不考虑他国利益；动辄谴责他国，从不反省自己。这种极端化、绝对化、片面性的思维模式使得美国领导人和极右政客在处理中美关系时常常无事生非、主动出击甚至激化矛盾。特朗普政府发起的对华贸易战是"杀敌八百，自损一千"，其结果是搬起石头砸自己的脚。所以，美国统治集团和极右政客的这种"二元对立"斗争哲学思维模式及其外交决策对于中美关系的发展极为有害，既伤害了中国人民，更损害了美国人民。

二、阴阳辩证法基本定律

在了解"一阴一阳之谓道"根本法则的基础上，还应了解阴阳辩证法的基本定律。笔者从《黄帝内经》《道德经》《易经》等中国古代经典中提炼出了阴阳辩证法的八个基本定律：阴阳相生，阴阳相克，阴阳消长，阴阳互根，阴阳互补，阴阳互渗，阴阳互转，阴阳平衡。笔者参考借鉴了中医学的阴阳五行相生相克理论，将其归入了阴阳辩证法定律。并认为"阴阳五行相生相克"是阴阳辩证法的核心定律。

阴阳五行学说认为，世界万物所有现象的背后都有其运作机制。万事万物背后的运行机制就是阴阳五行。中国古代西周、春秋时期就产生了五元思维，战国中晚期形成了阴阳五行关联性思维。《黄帝内经》阐释了"阴阳五行相生相克"理论，揭示了万事万物如何生成和相互克制的规律，将万物有序地关联起来，构建了一幅万事万物动态变化图。中医学就是依据阴阳五行相生相克理论探病、防病和治病的。

阴阳五行相生是指大自然中五种物质产生的规律，包括土生金，金生水，水生木，木生火，火生土。根据笔者的理解，土生金是指土壤里的物质经过地壳运动和化学变化而生成丰富的金属矿藏；金生水是指土壤中金属矿物质经过地壳运动以及化合反应产生水，出现湿气和水流，进而生成川流不息的江河湖海；水生木是指阳光照射下的土壤在水的滋养下生长植物，形成树木森林；木生火是指树木达到燃点就会起火燃烧；火生土是指树木燃烧后化为灰烬生成泥土，见图4-2。

图4-2　阴阳五行图❶

阴阳五行相克是指大自然中的五种物质依次制约、克服的规律，包括土克水、水克火、火克金、金克木、木克土。正所谓"一物克一物""一

❶　阴阳五行：金木水火土［EB/OL］.（2019-08-28）［2022-06-05］. https：//pic. sogou. com/d？query = % E9%98%B4%E9%98%B3% E4% BA%94% E8% A1%8C% E5%9B% BE% E7%89% 87&forbidqc = &entityid = &preQuery = &rawQuery = &queryList = &st = &did = 19.

物降一物"。土克水是指人们可以用土筑成堤坝防洪抗灾或分流疏导洪水。水克火是指水可以灭火。火克金是指熊熊烈火的高温可以熔化金属。金克木是指人们用金属器具可以切割木材，钻木、锯木和雕木。木克土是指植物生发的幼芽能够克服土壤的阻力破土而出。

阴阳消长是指阴阳之间的此消彼长，此长彼消。如一日之中少阳、太阳、少阴、太阴的昼夜阴阳消长。每天有 12 个时辰，即 24 小时。昼为阳，夜为阴，而每天昼与夜的时间长度都是在消长变化着的。四季变化，寒暑交替亦是阴阳变化。夏季天气气温上升，是阳长，此时寒气减退，便是阴消，这就是阳长阴消；相反，冬季天气变寒，是阴长，热气消退，即是阳消。阴阳消长失去平衡而超出限度，就会出现阴盛阳衰或阳盛阴衰，就是失常。"长"得过多就称为太过，"消"的过多便是不及。太过与不及都会给事物带来不良后果。例如，天气的常见气象是晴天、阴天、风雨、寒热等。一般情况下，这些气象变化是有一定的规律的。但是在某一地区这些阴阳消长如果太过或不及就会气候反常，如冬天气温过高，会使草木过早发芽，冬眠的虫子出洞，就会出现自然灾害。

阴阳互根是指阴阳两种事物互为根据，互为根源，相辅相成，互相共存。如天与地，上与下，左与右，前与后，内与外，寒与热，白天与夜晚，山的阳面和阴面；铁制的矛和盾，失去一方，另一方就失去了存在的意义。阴阳互根还意味着阴阳互为根源，互为源头。如春生、夏长为阳，秋收、冬藏为阴，但春夏秋冬四季的生、长、收、藏之间是紧密联系在一起的，后者以前者为源头，前者以后者为根源。只有冬季正常的闭藏，阳气深藏固密，到春季时阳气才能顺利地生发。同理，只有春生旺盛，才会有夏长的繁荣，继之才会有秋收的坚实，冬藏才能固密。❶

阴阳互补是指阴与阳互相补充，互相依赖，互不脱离。阴为阳所用，

---

❶ 王洪图，王长宇. 打开《黄帝内经》之门 [M]. 北京：中国中医药出版社，2010：116.

阳为阴所用。如"阴在内，阳之守也；阳在外，阴之使也"。如人体的表皮包括皮下脂肪和皮肤，属于阳；人体的内脏包括五脏六腑等，属于阴。表皮在外守护内脏，内脏在里运行气血。表皮与内脏互为所用，互不脱离。阳在外，保护着阴精和内脏，抵御外寒风邪。内脏运行气血，使表皮充盈健康。

阴阳互渗是指阴阳两种事物之间互相渗透，互相交感，互相融合，就像阴阳鱼球里的两个黑白鱼眼，白鱼里面有一个小黑点，黑鱼里面有一个小白点，阴中有阳，阳中有阴。宇宙间极其纯粹的物质几乎不存在，万物之间都有互相渗透、互相交融的现象。

阴阳互转是指阴阳在一定条件下相互转化。阴极而阳，阳极而阴。阴与阳到了物极必反的时候，阴会变阳，阳会变阴。《易经》丰卦象曰："日中则昃，月盈则食"。即太阳过了中午就要偏西，月亮圆满之后就要亏减。"《周易》从阴阳相互争胜负而看到，事物对立面两个方面总是一正一偏、一明一暗、一主一宾，又在一定条件下地位互相转化。"❶ 老子《道德经》曰："祸兮，福之所倚；福兮，祸之所伏。孰知其极？其无正也。正复为奇，善复为妖。人之迷，其日固久。"❷ 意思是说灾祸啊，幸福倚傍在它的旁边；幸福啊，灾祸藏伏在它的里面。谁能知道究竟是灾祸还是幸福呢？实在没有定准！正转变成邪，善转变成恶。人间之迷惑，由来已久。

阴阳平衡是指事物的阴阳达到协调平衡状态，呈现出和谐之象。与之相反，若事物阴阳失调，就会出问题。人体阴阳失调就会生病；社会阴阳失调就会出动乱。阴阳平衡是一种动态之中的平衡，平衡是在恒动中求阴阳之间的高度和谐统一。《中庸》中有这样一段话："喜怒哀乐之未发，谓之中；发而皆中节，谓之和。中也者，天下之大本也；和也者，天下之达道也。致中和，天地位焉，万物育焉。""喜怒哀乐之未发，谓之中"，这

---

❶ 杨成寅. 太极哲学［M］. 上海：学林出版社，2003：299.
❷ 老子. 道德经［M］. 徐澍，刘浩，注译. 合肥：安徽人民出版社，1990：160.

个"中",是在内的意思,没有表现出来;"发而皆中节",这个中节,即符合节度,就是恰如其分的意思,这就是"和",其达到的结果就是平衡、和谐。通过"中"这个原则,达到"和"的状态。❶"致中和,天地位焉,万物育焉"。意思是说,天地平衡和谐,天覆地载,天地各在其位,万物便生长繁育了。

三、案例分析

阴阳五行相生相克是中国古圣先贤对自然现象进行取象比类的研究结论。取象比类一词最早出自《周易》,在当时的历史条件下,运用这种思维方法由宏观认识微观,以一般推测个别,由抽象进而到具体。"取象比类是通过把两种不同的事物或现象联系起来加以比较,指出它们之间相似或共同的地方,然后把已知的某一事物或现象的有关知识和结论推论到与之相类似的现象或事物,也可能具有相同的知识和结论。"❷ 取象比类是通过建立不同事物的"象"之间的比喻关系,将事物的本质特征揭示出来。取象的范围不是局限于具体事物的物象、事象,而是在功能关系、动态属性相同的前提下可以无限地类推、类比。取象比类的目的在于说明事物的本质特征,具有抽象思维的作用。中国传统文化语境中的"象",是对事物的结构、功能和相互关系的整体性把握,可以由此及彼、由表及里,由某些征候预知未来趋势。

中国古代思想家通过观察地球上存在的五种物质土、金、水、木、火之间相互产生、相互克服的功能关系,创立了阴阳五行学说。"阴阳五行学说作为中国古代哲学理论,对中国古代科学技术的形成和发展产生了深远的影响。……中医理论特色的形成与阴阳五行学说存在着非常密切的关

---

❶ 楼宇烈. 中国文化的根本精神 [M]. 北京:中华书局,2016:59 - 60.

❷ 徐春. 中医与取象比类 [J]. 白求恩军医学院学报,2009,7 (1):34 - 35.

系。阴阳五行朴素地反映了宇宙的统一性质和事物的矛盾制约关系……提出了从事物矛盾的统一整体上及其相互作用关系意义上认识事物的合理思想。"❶笔者认为，阴阳五行相生相克定律也可以用于分析社会问题，为我们提供认识问题和解决问题的思路与方法。下面用阴阳五行相生相克定律和阴阳辩证法八大定律分别分析中国改革开放和中国与欧盟关系两个案例。探寻中国改革开放成功的奥秘和解决中欧矛盾的思路。

（一）中国改革开放

1978 年以来，中国进行了史无前例的改革开放，取得了经济高速发展、脱贫致富的举世瞩目之成就。中国为什么能够取得改革开放的巨大成就？原因是多方面的，仁者见仁，智者见智。在这里，笔者采用关联思维和联想思维，运用阴阳五行相生相克定律考察分析中国改革开放取得巨大成就的根本因素。

1. 阴阳相生

阴阳相生是指土生金，金生水，水生木，木生火，火生土。

土生金。土即土壤，在这里象征着经济基础或经济结构。金即金属矿藏，在这里象征着社会产品和财富。土生金是指土壤对金属矿藏有资生、促进、助长的作用。一个国家要强大，就要有雄厚的社会产品和财富，而经济结构适应生产力发展是社会产品和财富增长的前提。

改革开放之前，中国实行高度集中的计划经济体制。这种体制在新中国建立初期发挥了重要作用，迅速建立起了社会主义工业化的初步基础，并初步建立了独立的比较完整的工业体系和国民经济体系。然而，长期实行计划经济体制，经济活动都在中央计划规定的范围内进行，使企业和劳

---

❶ 张宗明. 论阴阳五行学说对中医理论发展的影响［J］. 科学技术与辩证法，2004，21（1）：76－80.

动者不能发挥主动性和积极性，社会产品生产和财富不足，难以满足人民群众多样性需求。1978 年党的十一届三中全会之后，中国开始了改革开放进程。中国改革开放首先从经济改革入手，建立适应生产力发展的经济结构，促进经济快速发展、社会产品和财富增长。

1978 年 12 月党的十一届三中全会决定把全党工作的着重点和全国人民的注意力转移到社会主义现代化建设上来。实现农业、工业、国防和科学技术的现代化。全会公报指出，实现四个现代化，要求大幅度地提高生产力，也就必然要求多方面地改变同生产力发展不适应的生产关系和上层建筑，改变一切不适应的管理方式、活动方式和思想方式。

1979—1991 年，中国实行了"公有制为主体，个体、私营经济作补充"的经济政策，所有制结构得到了初步的调整。在国有企业基本不动的情况下，进行体制外放开，在农村，搞家庭承包和联产承包；在城市，允许个体工商户、小私有企业发展，允许城市和农村的自由市场存在，鼓励外资企业进入中国大陆建立外商独资企业或中外合资企业。经济体制改革解放了生产力，提高了企业生产积极性。1992 年党的十四大提出中国经济体制的改革目标是建立社会主义市场经济体制。中国改革开放步伐由此进一步加快。"抓大放小"的国有企业改革和城市经济体制改革使中国经济持续高速发展。1978 年中国 GDP 总量 3678.7 亿元，1988 年增长到 15180.4 亿元，2018 年增长到 900309.5 亿元。[1] 1979—2018 年中国 GDP 年均增长率为 9.4%。[2] 可见，通过改革建立适应生产力发展的经济结构是促进社会产品和财富增长的根本因素。

金生水。金象征着社会产品和财富，水象征着流动。金生水在这里意味着社会产品和财富增长可以促进市场流动和文化交流。

改革开放以来，中国经济持续高速发展，社会产品和财富迅速增长，

---

[1] 中国统计年鉴（2019）[M]. 北京：中国统计出版社，2019：56.
[2] 中国统计年鉴（2019）[M]. 北京：中国统计出版社，2019：4.

极大地促进了国内的人口流动。农村人口大量流入城镇，在大中小城镇出现了十分活跃的劳动大军——农民工群体。城镇人口的增加和农村人口的减少提高了中国城镇化水平。1978 年，中国城镇人口 1.7245 亿，乡村人口 7.9014 亿；2000 年，城镇人口 4.5906 亿，乡村人口 8.0837 亿；2020 年，城镇人口 9.0220 亿，乡村人口 5.0992 亿。与城镇人口增长相比，中国乡村人口自 2000 年以后逐渐下降，到 2020 年中国乡村占总人口比例为 36.11%。❶ 中国的人口不仅由乡村向城镇流动，而且向第三产业流动。1978 年第三产业就业人员 4890 万，2000 年为 1.9823 亿，2020 年达到 3.5806 亿。❷ 人口流动和产业结构变化带来了城乡共同繁荣，中国的城乡差距逐渐缩小。

社会产品和财富的增长促使中国企业走出国门，走向世界。中国与世界各国的经贸关系迅速发展。1978 年，中国货物进出口总额为 206 亿美元，占全球份额的 0.8%，列第 29 位。2001 年，中国货物贸易占全球的份额提升至 4.0%，列第 6 位。2001 年加入世界贸易组织后，2009 年中国成为全球货物贸易第一大出口国和第二大进口国。2013 年，中国超越美国成为全球货物贸易第一大国。2018 年，中国货物进出口占全球份额为 11.8%，其中出口占 12.8%，进口占 10.8%。1978—2018 年，中国货物进出口增长 223 倍，年均增速 14.5%，高出同期全球货物贸易平均增速 7.5 个百分点。2018 年中国进出口贸易首次突破 30 万亿元大关。❸ 2021 年，中国进出口总额为 39.1 万亿元，其中出口总额为 21.7 万亿元，进口总额为 17.4 万亿元。2021 年，中国贸易顺差为 43687 亿元，实现了创纪录的

---

❶ 中国统计年鉴（2021）［M］. 北京：中国统计出版社，2021：31.

❷ 中国统计年鉴（2021）［M］. 北京：中国统计出版社，2021：120.

❸ 新中国成立 70 年对外经贸发展报告：货物进出口额突破 30 万亿元大关［EB/OL］.（2019 – 10 – 03）［2022 – 11 – 03］. https：//baijiahao. baidu. com/s？ id = 1646374921164 030041&wfr = spider&for = pc.

贸易顺差。❶可见，社会产品和财富的增长促进了市场交换、商品贸易和人员流动。

水生木。水生木是指水能促进树木的生长。水象征着流动，木是指树木和森林，木在这里象征着公民社会。水生木在这里意味着国家之间经贸交易会促进各国公民社会的交往。

改革开放以来，随着中国与世界各国经济贸易的增长，中国公民与各国公民之间的交往日益增多，20世纪90年代中国出现了"出国潮"，大批留学生去西方国家及世界各国留学，从1978年到2018年年底，我国各类出国留学人员累计达585.71万人。365.14万人在完成学业后选择回国发展，占已完成学业群体的84.46%。❷此外，专家学者、技术人员、社会团体和非政府组织与世界各国的交流也日益频繁。可见，经贸关系的发展促进了公民社会的交往。

木生火。木象征着公民社会，火象征着热烈、红火、繁荣。在这里象征着思想文化繁荣。木生火意味着各国公民社会交往增多会促进思想文化交流，呈现出思想文化繁荣景象。

改革开放以来，中国与世界各国交往扩大，国外各种社会思潮涌入中国大地，如自由主义、保守主义、社会民主主义、绿色和平主义、女权主义、个人主义、拜金主义，等等。然而，国外社会思潮和思想文化既有先进的成分，也有落后的沉渣。中国共产党和政府在社会主义现代化建设过程中强调物质文明和精神文明一起抓，"两个车轮一起转"。在马克思主义理论指导下，弘扬中华优秀传统文化，中国大地兴起了"国学热"，儒道释思想精华得到发掘和广泛传播。中国思想文化领域呈现出热烈红火的繁

---

❶ 中国历年进出口总额及贸易顺差（1950—2021年）［EB/OL］.（2022 – 08 – 19）［2022 – 11 – 03］. https：//m. shujujidi. com/caijing/132. html.

❷ 2018年度我国出国留学人员情况统计［EB/OL］.（2019 – 03 – 27）［2022 – 11 – 03］. http：//www. moe. gov. cn/jyb_xwfb/gzdt_gzdt/s5987/201903/t20190327_375704. html.

荣景象。

火生土。 火生土是指火燃烧之后化为灰烬而资生土壤。火在这里象征着思想文化繁荣，土象征着经济基础。火生土意味着思想文化的繁荣会进一步完善经济基础，促进经济发展。

改革开放以来，马克思主义与中华优秀传统思想相结合，形成了"强强结合"的中国化和时代化的马克思主义，世界各国的思想文化在中国大地传播，中国思想文化空前繁荣，科技发明和理论创新成果不断涌现。思想文化的繁荣有益于进一步完善经济结构，促进经济健康发展。

2. 阴阳相克

阴阳相克是指阴阳五行相互克服、相互制约的现象。如土克水，水克火，火克金，金克木，木克土。正所谓"一物克一物"，"一物降一物"。

土克水。 土克水是指用土壤疏导的方式可以疏通河道、避免水患、促进水流动。中国古代大禹治水就是采取疏导的方式成功地治愈了水灾。在这里，土象征着经济基础或经济结构，水象征着流动。土克水可以比喻为调整改革经济结构，建立适应生产力发展的经济基础，促进市场经济发展和人员流动，从而克服市场流通和人员交流不畅的障碍。

1979 年中国开始进行经济体制改革，经过十几年的调整改革，中国逐步由计划经济体制转向社会主义市场经济体制。形成了以公有制为主体的混合所有制结构，国有企业、民营企业、个体户、外资企业、中外合资企业并存，企业和个人的生产积极性极大地激发出来，市场经济的发展促进了市场交换和人员流动，加速了经济发展。

水克火。 水象征着流动，火在这里象征着烈火、过火。水克火在这里可以喻为当一个国家出现"经济过热"、通货膨胀时，政府按照市场经济规律进行宏观调控，给过火的经济降温，克服经济冒进带来的不良后果。

20 世纪 80 年代，中国经济流行"速度论"。理论界充斥着"中国经济像一辆自行车，只能速度快才能不倒""物价涨多少，工资就涨多少"等言论，中国人的创业热情空前高涨。1993年流行一个词"全民经商"，下海经商成为一件极其光荣的"时尚"。在"速度论"的影响下，1992年中国经济出现了一次改革开放以来最严重的经济过热，并在1993年达到顶峰。1992年至1993年间，中国经济增长速度达到13%，超过潜在经济增长率4个百分点，货币同比增发34%；两年里投资分别上升70%和40%，生产资料价格每年上升50%；人民币调剂汇率一路贬值到1∶11，而且向1∶15滑落。经济过热导致了通货膨胀。1993年中国的通货率是14.7%，1994年达到24.1%，一举刷新了1988年18.8%的纪录。❶ 面对日益严峻的通货膨胀，1993年6月，中央政府出台了提高存贷利率和国债利率；限期收回违章拆借资金；削减基建投资，清理所有在建项目；削减行政费用20%；重新审查开发区；停止地方当局向企业和农民集资；改革外汇留成制度；停止用"白条"支付农民的粮款；停止出台新的价格改革措施等政策，称为"十六条"。1994年3月，中央政府又制定了"二十字方针"，以"保持稳定"为中心，代替"双加快"（加快改革，加快发展）的方针。这些政策的特点就是财政、货币"双紧缩"。1993年在采取"双紧缩"政策的同时，首次运用利率、存款准备金率、公开市场业务等市场性货币政策进行调控。在经济、行政、计划、市场各种宏观调控手段多管齐下后，1995年通胀率降到17.1%，1996年再降到8.3%，1997年更是剧降到2.8%。与此同时，1996年和1997年实现经济增长9.7%和8.8%，中国经济顺利实现"软着陆"，中国经济度过了随即而来的1998年亚洲金融风暴的袭击。❷ 可见，中央政府运用宏观调控手段采取"双紧缩"政策，

❶ 邓聿文. 朱镕基治理经济软着陆的启示 ［EB/OL］. （2013－07－06）［2022－11－06］. http：//finance. sina. com. cn/roll/20130706/034416035664. shtml.

❷ 邓聿文. 朱镕基治理经济软着陆的启示 ［EB/OL］. （2013－07－06）［2022－11－03］. http：//finance. sina. com. cn/roll/20130706/034416035664. shtml.

如同给过热的经济和高通胀泼水降温，使经济发展回到健康的轨道上来。

火克金。火可以融化金属。火在这里象征着热烈、光明、正义，金象征着社会产品和财富。火克金在这里可以喻为当社会产品和财富增长带来严重的贪污腐败问题时，执政党和政府用反腐倡廉正义之火祛除腐败现象。

改革开放以来，中国经济持续 40 多年高速发展，社会产品和财富快速增长，一部分人先富起来。一些理想信念和党性缺失的党政官员依靠手中掌握的权力搞权钱交易。中国共产党十八大以来，以习近平同志为核心的党中央以雷霆万钧之势严惩腐败，构建起了党中央统一领导、各级党委统筹指挥、纪委监委组织协调、职能部门高效协同、人民群众参与支持的反腐败工作体制和机制，以刮骨疗毒、壮士断腕的勇气，坚定不移"打虎""拍蝇""猎狐"。截至 2021 年 10 月，全国纪检监察机关共立案 407.8 万件、437.9 万人。其中，立案审查调查中管干部 484 人，共给予党纪政务处分 399.8 万人。❶ 2017 ~ 2022 年五年间，全国纪检监察机关共查处民生领域腐败和作风问题 53.2 万个，给予党纪政务处理 48.9 万人。五年来，全国纪检监察机关共立案查处涉黑涉恶腐败和"保护伞"问题 10.3 万件，给予党纪政务处分 9.3 万人，移送检察机关 1.2 万人。❷ 可见，执政党和政府用光明正义之火祛除腐败现象，维护了社会公平，保护了人民群众的利益。

金克木。金象征社会产品和财富，木象征着公民社会。金克木在这里可以喻为当公民社会出现民生问题时，国家用社会产品和财富解决民生问题。中国改革开放 40 多年，社会产品和财富的增长使国家拥有了雄厚的物质基础。然而，中国仍然有少数贫困地区。2012 年中国共产党十八大把脱

---

❶ 党的十八大以来反腐败斗争取得的成效［EB/OL］.（2022 - 07 - 16）［2022 - 11 - 06］. https：//www. 12371. gov. cn/Item/607025. aspx.

❷ 十九届中央纪律检查委员会向中国共产党第二十次全国代表大会的工作报告［EB/OL］. 央视新闻网，（2022 - 10 - 27）［2022 - 11 - 06］. https：//news. cnr. cn/native/gd/sz/20221027/ t20221027_526044118. shtml.

贫攻坚摆在治国理政的突出位置，以习近平同志为核心的党中央制定了新时代脱贫攻坚目标，经过 8 年持续奋斗，2020 年年底如期完成了任务。"现行标准下农村贫困人口全部脱贫，贫困县全部摘帽，消除了绝对贫困和区域性整体贫困，近 1 亿贫困人口实现脱贫。"❶

目前，中国公民社会存在着人口老龄化、生育率下降、留守儿童、家庭子女教育、城乡居民医疗、社区健康服务等问题。针对这些问题，2022年 11 月 1 日，中华人民共和国住房和城乡建设部办公厅、民政部办公厅印发了《开展完整社区建设试点工作，进一步健全完善城市社区服务功能的通知》，从四个方面布置了试点工作的内容。

第一，完善社区服务设施，按照标准规范要求，规划建设社区综合服务设施、幼儿园、托儿所、老年服务站、社区卫生服务站。每百户居民拥有综合服务设施面积不低于 30 平方米，60% 以上建筑面积用于居民活动。适应居民日常生活需求，配建便利店、菜店、食堂、邮件和快件寄递服务设施、理发店、洗衣店、药店、维修点、家政服务网点等便民商业服务设施。统筹若干个完整社区构建活力街区，配建中小学、养老院、社区医院等设施，与"15 分钟生活圈"相衔接，为居民提供更加完善的公共服务。

第二，打造宜居生活环境。加强供水、排水、供电、道路、供气、供热、安防、停车及充电、慢行系统、无障碍和环境卫生等基础设施改造建设，完善设施运行维护机制。鼓励具备条件的社区建设电动自行车集中停放和充电场所，做好消防安全管理。建设公共活动场地和公共绿地，推进社区适老化、适儿化改造，营造全龄友好、安全健康的生活环境。鼓励在社区公园、闲置空地和楼群间布局简易的健身场地设施，开辟健身休闲运动场所。

第三，推进智能化服务。引入物联网、云计算、大数据、区块链和人工智能等技术，建设智慧物业管理服务平台。推进智慧物业管理服务平台

---

❶ 习近平. 我们如期完成了新时代脱贫攻坚目标任务 [EB/OL]. (2020 – 12 – 07) [2022 – 11 – 06]. http：//www.mohrss.gov.cn/jgdw/zyjszlm/202012/t20201211_404203.html.

与城市运行管理服务平台、智能家庭终端互联互通和融合应用，提供一体化管理和服务。整合家政保洁、养老托育等社区到家服务，链接社区周边生活性服务业资源，建设便民惠民智慧生活服务圈。推进社区智能感知设施建设，提高社区治理数字化、智能化水平。

第四，健全社区治理机制。建立健全党组织领导的社区协商机制，搭建沟通议事平台，推进设计师进社区，引导居民全程参与完整社区建设。开展美好环境与幸福生活共同缔造活动，培育社区文化，凝聚社区共识，增强居民对社区的认同感、归属感。❶ 这项重点民生工程充分体现了中国共产党和政府全心全意为人民服务的宗旨，体现了强国富民、还富于民的思想，运用国家力量和社会财富解决公民社会的民生问题。

木克土。木象征着公民社会，土在这里象征着经济贸易。木克土可以喻为当一个国家的经济贸易出现问题和困难时，充分调动公民社会的力量可以齐心协力渡过难关。

2020 年 1 月湖北武汉暴发新冠病毒感染疫情。1 月 23 日，即农历除夕前一天，武汉政府宣布"封城"。900 多万人留在了这座被迫按下暂停键的城市之中。在党中央、国务院和地方政府领导下，全国各地公民社会动员起来，"一方有难，八方支援"。1 月 24 日除夕之夜，第一支援鄂医疗队抵达武汉。随后，全国各地 300 多支医疗队、4 万多名医护人员驰援湖北。一场武汉保卫战、湖北保卫战正式打响。为消除传染源、阻断传染链，武汉采取了最严格的防控措施。3 月 18 日，首次实现零报告，4 月 8 日，武汉解除封城。中国战"疫"取得阶段性的重大胜利。❷

新冠病毒感染疫情给中国的经济贸易带来了负面影响。旅游业、餐饮

---

❶　住建部：开展完整社区建设试点工作［EB/OL］.（2022－11－02）［2022－11－06］http：//www. fangchan. com/news/6/2022－11－02/6993407864429941728. html.

❷　武汉"封城"76 天 浓缩一个国家的战"疫"轨迹［EB/OL］.（2020－04－09）［2022－11－06］https：//zzwb. zznews. gov. cn/content/c1503123. html.

业、建筑业、铁路运输业遭受重创，不少中小企业破产倒闭。然而，在党和政府的号召下，中国公民社会发挥了主动性和创新性，企业和商家采用网络继续运营，开拓了各种各样新型工作和就业岗位，快递运输成为连接千家万户的物流方式。疫情期间中国经济依然增长。2019 年中国 GDP 总量为 986515 亿元，比 2008 年增长 6.0%；2020 年中国 GDP 总量为 1015986 亿元，比 2008 年增长 2.3%；2021 年中国 GDP 总量为 1143670 亿元，比 2020 年增长 8.1%。❶ 中国成为新冠病毒感染疫情肆虐期间全球唯一实现经济正增长的主要经济体。在新冠病毒感染疫情期间，中国公民社会发挥出的巨大潜能和积极作用克服了经济贸易的困难。

综观中国改革开放历史进程，其改革路径恰好符合了阴阳五行相生相克的定律。即经济改革先行，建立符合社会主义市场经济规律的经济体制，促进社会产品和财富的增长（土生金）；社会产品和财富的增长促进了市场交换、人员流动和就业（金生水）；市场交换和经济发展促进了公民社会的成长（水生木）；公民社会的成长促进了"依法治国"和"全过程人民民主"，从而促进了思想文化的繁荣红火（木生火）；繁荣昌盛的思想文化造就了充满生机活力的社会，进一步促进了经济发展，加固了国家的经济基础（火生土）。

面对改革开放过程中出现的问题和困难，中国共产党和政府采取的政策措施恰好符合"一物降一物"的阴阳五行相克定律。当高度集中的计划经济体制呈现缺陷弊端，阻碍市场交换和流通时，1979 年中国开始了经济体制改革，逐步调整改革经济结构，从计划经济向社会主义市场经济转变，改变了过去产品生产不足、流动渠道单一不畅的局面，促进了市场交换和人员流动（土克水）；当中国社会出现"速度冒进"、"经济过热"、通货膨胀加剧时，党和政府运用宏观调控手段采取"双紧缩"等措施降低

---

❶ 我国成为疫情发生以来全球唯一实现正增长的主要经济体［EB/OL］.（2020 – 12 – 16）［2022 – 11 – 06］. https：//fs. leju. com/news/2020 – 12 – 16/10096744795427 952184330. shtml.

了通货膨胀，给过热的经济泼水降温，实现了经济"软着陆"（水克火）；当中国社会产品和财富增长而出现严重的腐败现象时，党和政府高举反腐倡廉大旗，严厉惩治贪官，用正义之火消除腐败，维护人民群众的利益（火克金）；当公民社会出现养老、医疗、健康、生育、教育等民生问题时，党和政府运用社会产品和财富解决民生问题，建设健康美丽中国（金克木）。

总之，中国改革开放采取的路线、方针、政策、措施恰好符合了阴阳五行相生相克的定律。可以说，中国改革开放成功的最根本因素是按照客观规律做事，符合天道、地道和人道，从而取得了举世瞩目的成就。阴阳五行相生相克定律是阴阳辩证法的核心，运用阴阳五行相生相克的自然规律分析社会问题和国际关系问题，可以为我们提供清晰的思路和深刻的启示。

（二）中国与欧盟关系

近些年来中国与欧盟关系出现了不和之音，欧盟尤其是欧洲议会不断就各种问题指责中国。2020 年新冠病毒感染疫情发生后，欧洲议会通过了多个谴责中国的决议，甚至制裁中国新疆地方政府机构和官员，冻结审批《中欧投资协定》。

2022 年 2 月俄乌冲突爆发后，欧盟完全与美国及北约站在一起全力支持乌克兰抗俄，严厉谴责俄罗斯，并对俄罗斯实施了全面制裁。中国一直坚持不选边站，并呼吁美国、北约、欧盟考虑俄罗斯的安全诉求和顾虑，中国继续与俄罗斯和乌克兰保持经贸往来，向乌克兰提供了人道主义援助。并呼吁俄乌双方进行谈判，用谈判方式解决问题，中国在乌克兰危机中所采取的立场遭到欧盟方面的抨击，加剧了中欧矛盾。笔者运用阴阳辩证法对中国与欧盟矛盾与冲突进行分析，探寻应对思路。

1. 阴阳相生

阴阳相生即土生金，金生水，水生木，木生火，火生土。

土生金。土象征着经贸关系，金象征着社会产品和财富。经贸关系是中国与欧盟关系的基础，无论双方在政治意识形态领域有多大矛盾，坚持不懈地发展经贸关系，就能够从根本上把握中欧关系的前进方向。要想夯实双方的经贸关系，中方就要想办法消解欧盟的担心和疑虑，合理解决对方担心的问题。譬如欧盟对中国贸易逆差从 2011 年的 1290 亿欧元增加到 2021 年的 2490 亿欧元，增加了 1200 亿欧元。2020 年欧盟对华贸易逆差 1810 亿欧元，2021 年欧盟对华贸易逆差 2490 亿欧元，中欧贸易逆差又增长了 37.6%。❶ 欧盟长期对华贸易逆差是影响中欧经贸关系的重要因素，中方应当同欧盟一起想办法，共同采取有效措施逐渐缩小欧盟对华贸易逆差。中国与欧盟经贸关系的发展，会促进双方社会产品和财富的增长。

金生水。金象征着社会产品和财富，水象征着流动。社会产品和财富增长会促进中欧经贸和文化交流。近年来，特别是 2020 年年初新冠病毒感染疫情发生后，欧盟跟随美国谴责中国的新疆、西藏、香港、台湾问题，欧洲议会甚至冻结审批《中欧投资协定》，尤其是 2022 年 2 月俄乌冲突爆发后，中国与欧盟之间政治分歧空前增大。然而，中欧贸易继续增长，2022 年中国首次成为欧盟第一大贸易伙伴，而欧盟也成为中国第一大贸易伙伴。双方贸易的增长，社会产品和财富的增加，促进了官方和民间的对话交流，在一定程度上缓解了政治冲突，使中欧关系在曲折中继续发展。

水生木。水象征着流动，木象征着森林树木，在这里比喻为公民社会。水生木意味着经贸流动会促进公民社会交往，从而推动思想文化交流。改革开放以来，随着中国与欧盟经贸往来日益频繁，双方人员交流越来越多，大量中国留学生赴欧学习，欧盟国家的学生来华学习的也越来越多。中欧经贸往来和思想文化交流会促进公民社会的进一步交往。

---

❶ 中国是欧盟最大的进口伙伴，2021 年中欧贸易逆差 2490 亿欧元［EB/OL］.（2022－04－03）［2022－07－23］. https：//trade. gotohui. com/list/171834. html. 转引自欧盟统计局数据，https：//ec. europa. eu/eurostat/en/web/products－eurostat－news/－/edn－20220401－1.

　　木生火。木象征着公民社会，火象征着热烈、红火。中国与欧盟公民社会的交往不仅会促进思想文化交流，增进双方民间的互相理解，而且会增进互信，改善政治关系，促进中欧关系红红火火持续发展。如果与之相反，中欧公民社会和思想文化交流被阻塞，则对中欧关系产生很大的消极影响。所以，增进中欧公民社会交往和思想文化交流十分重要。如果欧盟成员国的民众与中国民众"民心相通"，相互理解，那些极端反华势力便没有了选民基础，他们就难以借鼓吹反华获取选票。

　　火生土。火燃烧之后化为灰烬而丰富土壤。中国与欧盟关系红红火火继续健康发展，会为双方关系奠定雄厚的经济基础，并拓宽思想文化交流的途径。反之，如果中欧政治摩擦加大，影响公民社会交往和思想文化交流，会对双方的经贸关系造成不利影响。

　　2. 阴阳相克

　　阴阳相克是指阴阳五行相互制约、相互克服的状态，土克水，水克火，火克金，金克木，木克土。在国际关系中阴阳相克发生于阴阳双方相互对立、矛盾、冲突的困难状态。运用阴阳相克的定律分析中国与欧盟的矛盾与冲突，可以提供解决问题的思路和方法。

　　土克水。土象征着经贸关系，水象征着流动。当中欧之间政治关系、公民社会交往和文化交流出现问题和困难时，可以用加强经贸合作的方式缓解矛盾和冲突。近几年，中欧政治关系领域摩擦冲突比较多，欧盟和欧洲议会分别出台了谴责中国的新疆、西藏、香港、台湾问题的决议，欧盟甚至制裁中国新疆的官员，中方在反制的同时，将政治问题与经贸往来脱钩，继续发展中欧经贸关系，双方的贸易交易量不但没有下降反而继续增长。所以，继续夯实中欧经贸关系，用经贸关系来促进公民社会交往和思想文化交流，以缓解双方政治关系和意识形态领域的摩擦不失为一种长远之策。

　　水克火。水象征着流动，火在这里象征着"火气"、怒火。当中国与欧盟关系发展的势头受到阻碍，双方出现政治摩擦冲突充满"火气"时，中方应当全方位加强与欧盟的交往。一方面，加强官方的"水"流动，继续开展中国与欧盟及成员国官方之间的对话沟通，加强全国人大、全国政协与欧洲议会及成员国议会的沟通交流；另一方面，促进民间的"水"流动，大力开展中欧民间组织、专家学者以及精英之间的交流，同时加强企业行会之间的交往。用"水流动"的温润滋养互信，释疑解惑，消减矛盾，消除"怒火"。

火克金。火在这里象征着烈火。金在这里象征着金戈铁马，当对方金戈铁马冲过来时，要用火熔化金的方式解决问题。譬如当欧方对中国强力施压，制裁中国政府官员和机构时，当欧盟成员国立陶宛在涉及中国国家核心利益问题上进行挑衅时，中方应当予以坚决反制和斗争。在涉及国家核心利益问题上绝不退让，坚持原则和底线。

金克木。金象征着社会产品和财富，木象征着公民社会。当中国与欧盟及成员国公民社会交往及政治关系出现矛盾冲突时，中方应继续加强与欧盟之间的产品交易，促进中欧社会产品和财富增长，以经济发展和产品交易的增长缓解政治压力，克服公民社会交往的困难和阻力。

木克土。木象征着公民社会，土象征着经贸关系。当中国与欧盟经贸关系出现困难时，譬如欧洲议会冻结审议《中欧投资协定》，欧盟对中国企业的产品实行反倾销、反补贴等，中方应大力开展双方公民社会交往和思想文化交流。一方面，促进中欧企业间的互利合作与交往；另一方面，促进中欧之间非政府组织和各行各业精英人士之间的思想文化交流，以减少欧盟的疑虑和误解，增进相互理解，促进经贸合作。

总之，阴阳五行相生相克定律为发展中欧关系和解决矛盾冲突提供了思路和启示。这里面的核心是经济，公民社会交往和思想文化交流是两翼，政治对话是渠道。中方要牢牢抓住经贸关系，积极开展中欧公民社会交往和思想文化交流，逐步改善政治关系。

3. 阴阳消长

阴阳消长是指阴阳此消彼长，彼消此长。1993 年欧盟正式成立时有 12 个成员国，1993 年中国 GDP 总量为 4447.3 亿美元，欧盟 GDP 总量为 6.76 万亿美元，中国距离欧盟差距较大；2010 年中国 GDP 总量为 6.09 万亿美元，欧盟 GDP 总量为 14.56 万亿美元，中国与欧盟差距逐渐缩小；2021 年中国 GDP 总量为 17.73 万亿美元，欧盟 GDP 总量为 17.18 万亿美元，❶ 中国的 GDP 总量超过了欧盟 27 个成员国。由此可见，中国的 GDP 总量在 2021 年超过了由 27 个成员国组成的欧盟，形成了"中强欧弱"的态势。中欧经济实力出现了阴阳消长的变化。在这种局面下，中方更应保持谦虚谨慎，戒骄戒躁的态度，向欧盟充分表达善意和诚意，双方共同努力缓解欧盟对华贸易逆差和经贸摩擦等问题。与此同时，对于欧洲议会等欧盟内部极端反华势力阻挠中欧关系发展的行径，中方应当进行合理的斗争。

4. 阴阳互根

阴阳互根是指阴阳互为根据，互相依存。阴阳互根定律告诉我们，中国与欧盟的经贸关系互相依存，互为根据，你中有我，我中有你，谁也离不开谁。中方应尽力在经济、政治、文化、社会全方位多领域推动与欧盟及其成员国官方和民间交流。用经贸关系缓解政治冲突，使中欧政治关系不至于走向极端恶化的境地。

5. 阴阳互补

阴阳互补是指阴阳互相补充。中国与欧盟国家在经济、科技、文化领域有很强的互补性，中国生产的日用消费品、轻工业产品、电子产品和机

---

❶ 数据来源：世界银行数据库：https://www.worldbank.org/en/home.

械制造产品为欧盟国家所必需，欧盟国家的高科技产品如德国高科技产品，北欧国家的环保、新能源、新农业产品，中东欧国家的农产品以及特色产品为中国民众所需要，中方应尽可能合理进口中国老百姓所需要、所欢迎的欧盟国家的产品，逐步缩小欧盟对华贸易逆差。

6. 阴阳互渗

阴阳互渗是指阴阳互相渗透，互相交感、互相融合。阴阳互渗定律告诉我们，中国与欧盟及其成员国之间的思想文化交流，互相渗透、互相融合是缓解和化解双方贸易摩擦和政治冲突的有效途径。如欧盟对中国产品实行反倾销、反补贴，对中国的新疆、西藏、台湾、香港等问题指手画脚。在这种情况下，中方一方面要坚持原则，进行反制与合理斗争；另一方面要继续开展中欧政府、企业和民间文化交流，增进思想交流。中国和希腊分别是东西方文明的发源地，有各自的文化宝库和瑰宝，中方应积极推动中国与希腊古典思想文化交流，推动中国与欧盟各成员国的文化交流，互相学习，互相渗透，互相交融，如此坚持下去，对于化解双方的矛盾与冲突将会大有裨益。

7. 阴阳互转

阴阳互转是指阴与阳互相转化，阴极而阳，阳极而阴，即阴走到顶点就转变为阳，阳走到顶点就转变为阴。20 世纪 90 年代欧盟与中国综合实力对比是"欧强中弱"，欧方为阳，中方为阴。经过 30 多年的发展，如今，中国与欧盟的实力对比发生了巨大变化，出现"欧弱中强"的态势，欧方为阴，中方为阳，双方阴阳地位相互转化。面对中欧之间的这种阴阳互转式的变化，中国更应谦虚谨慎，戒骄戒躁，本着"和而不同""求同存异"的精神，积极主动地与欧盟发展全方位的关系，加强沟通与对话、协调平衡双方利益关系，减少双方的矛盾摩擦。尽管这不是一方努力所能解决的，而是需要双方共同努力，但是，中方仍然应当尽最大的努力。

8. 阴阳平衡

阴阳平衡是指阴阳互相协调，互相平衡。中国与欧盟经贸关系中长期存在着欧盟对华贸易逆差，这种贸易的不平衡是欧盟对中国担心、警惕和忧虑的重要因素之一。为此，中方应当与欧盟协调，努力扩大进口欧盟成员国的合适的产品，逐渐缩小欧方的贸易逆差。若中欧经贸关系朝着相对平衡的方向发展，将会加强双方经济关系，并且会促进双方在公民社会、思想文化和政治领域关系的发展，从而推动中欧关系的健康发展。

总之，中国传统的阴阳辩证法所蕴含的客观规律可以为解决中欧关系的问题和困难提供大思路和大智慧，促进中欧关系健康发展。我们应当珍惜老祖宗留下的珍贵文化遗产，学会运用阴阳辩证法分析国际关系问题，找到解决矛盾与冲突的思路与方法。

四、阴阳辩证法与唯物辩证法之异同

中国传统和谐思想的阴阳辩证法与马克思主义的唯物辩证法既有相同之处，也有不同之处。

（一）相同点

1. 都承认世界的物质统一性

马克思主义唯物辩证法与太极哲学阴阳辩证法在宇宙观上具有一致性。两者对宇宙的认识既是唯物的又是辩证的。

唯物辩证法认为，世界的统一性在于物质性。"物质是标志客观实在的哲学范畴，这种客观实在是人通过感觉感知的。它不依赖于我们的感觉而存在，为我们的感觉所复写、摄影、反映。"❶ 物质世界是运动变化发展的。世界上没有永恒的事物，有生必有灭，无灭必无生；旧事物灭亡的同时，就意味着新事物的产生。所谓发展，是指事物由简单到复杂、由低级到高级的变化趋势，其实质是新事物的产生和旧事物的灭亡。一个事物的发展往往是一个"不平衡→平衡→新的不平衡→新的平衡"的波浪式前进、循环往复式上升的过程，而一个个有限的过程就组成了无限发展的世界，换言之，世界也可以被看作永恒发展的"过程"的集合体。

太极哲学阴阳辩证法也认为世界是物质的，而且是运动变化的。老子《道德经》曰："有物混成，先天地生。寂兮寥兮，独立而不改，周行而不殆，可以为天地母。吾不知其名，强字之曰道。"❷ 意思是说，有一个东西混然而成，先于天地而存在。无声而又无形，它不靠任何外力而永久存在，循环运行而永不停息，可以算作天地万物的根本（母），我不知道它的名称，姑且称之为道。"道生一，一生二，二生三，三生万物。万物负阴而抱阳，冲气以为和。"❸ 老子从宇宙起源的角度阐明了世界的物质性，从本源上说明了世界的物质性和运动性。

《易经》用六十四卦六爻的变化来说明万事万物"变动不居，周流六虚，上下无常，刚柔相易"。❹ 即宇宙万物在前、后、左、右、上、下六方虚空中运动变化，上下无常，刚柔互动。从宇宙本源的角度阐明了物质世界的产生、发展和演变。

2. 都承认世界的普遍联系

马克思主义唯物辩证法认为，世界处在普遍联系和永恒发展之中。联

❶ 陈先达，杨耕. 马克思主义哲学原理［M］. 4 版. 北京：中国人民大学出版社，2016：42.
❷ 老子. 道德经［M］. 徐澍，刘浩，注译. 合肥：安徽人民出版社，1990：70.
❸ 老子. 道德经［M］. 徐澍，刘浩，注译. 合肥：安徽人民出版社，1990：119.
❹ 易经［M］. 徐澍，张新旭，译注. 合肥：安徽人民出版社，1992：393.

系的观点和发展的观点构成了唯物辩证法的总特征。"普遍联系包括两重含义：一是指任何事物都同其他事物相互联系着，世界是一个相互联系的整体；二是指事物内部的各个部分、要素、环节相互联系着，任何事物本身都是许多规定的综合和多样性的统一。世界上的万事万物既作为个体事物存在，又作为普遍联系中的事物存在。任何事物都具有一定的外部联系和内部联系。"❶ 唯物辩证法用内容与形式、本质与现象、原因与结果、必然与偶然、现实与可能五大范畴表达事物之间的联系与发展。

阴阳辩证法以"一阴一阳之谓道"的根本法则来阐明世界的普遍联系，认为任何事物都是阴阳一体运动变化的，阴阳之中还有阴阳。阴阳辩证法用八个定律即阴阳相生、阴阳相克、阴阳消长、阴阳互根、阴阳互补、阴阳互渗、阴阳互转、阴阳平衡表达了事物之间的阴阳互动及变化的规律。

3. 都承认对立统一规律

对立统一规律是马克思主义唯物辩证法的核心内容。唯物辩证法的三大规律包括对立统一规律、质量互变规律和否定之否定规律。其中，对立统一规律既是宇宙观，又是认识论和方法论。马克思在《哲学的贫困》中写道："肯定和否定，'是'和'否'。这两个包含在反题中的对抗因素的斗争，形成辩证运动。'是'转化为'否'，'否'转化为'是'。……对立面互相均衡，互相中和，互相抵销。这两个彼此矛盾的思想的融合，就形成一个新的思想，即它们的合题。"❷ "矛盾就是对立统一关系。一切矛盾都是由对立着的两个方面构成的，矛盾关系就是发生在对立面之间的关系，没有对立的两个方面便不能构成矛盾。……对立关系和统一关系是两

---

❶ 陈先达，杨耕. 马克思主义哲学原理 [M]. 第 4 版. 北京：中国人民大学出版社，2016：92.
❷ 马克思. 哲学的贫困：政治经济学的形而上学 [M] //马克思恩格斯选集：第 1 卷. 北京：人民出版社，1995：140.

种不同的关系，但这两种不同性质的关系又是结合在一起的。统一关系就存在于对立关系之中，而且在它内部就包含着对立关系；对立关系存在于统一关系之中。"❶ 矛盾的同一性和斗争性是矛盾的两种基本属性。"矛盾的同一性是指矛盾着的对立面之间相互依存、相互吸引、相互贯通的一种联系和趋势。""矛盾的斗争性，即矛盾双方的对立属性，是指矛盾着的对立面之间相互限制、相互排斥、相互否定的属性，体现着矛盾双方相互分离的趋势。……发展是矛盾同一性与斗争性相互作用的结果。……没有同一性就没有斗争性，同样，没有斗争性也就没有同一性。"❷

阴阳辩证法用阴阳关系表达事物的对立统一。认为，宇宙万物均有阴阳，阴阳共存于任何一个统一体内，任何事物都是一体两面，孤阴不长，独阳不生。阴阳之间具有复杂的运动变化关系，如阴阳相生，阴阳相克，阴阳消长，阴阳互根，阴阳互补，阴阳互渗，阴阳互转，阴阳平衡。阴阳辩证法也承认矛盾的同一性和斗争性。如阴阳相生、阴阳互根，阴阳互补、阴阳互渗、阴阳平衡就表达了矛盾的同一性，而阴阳相克、阴阳消长、阴阳互转则表达了矛盾的斗争性。宇宙万物在阴阳同一性和斗争性的运动中发展。

（二）不同点

1. 产生的时代不同

中华传统和谐思想阴阳辩证法产生于两千多年前的先秦秦汉时期，建立在农耕文明基础上。中国古圣先贤之人通过观天文察地理，观察社会人

---

❶ 陈先达，杨耕. 马克思主义哲学原理 [M]. 第4版. 北京：中国人民大学出版社，2016：117.

❷ 陈先达，杨耕. 马克思主义哲学原理 [M]. 第4版. 北京：中国人民大学出版社，2016：118，119.

生，用抽象思维悟出了太极哲学及阴阳辩证法的思想。其辩证思想蕴含于《道德经》《易经》之中。阴阳辩证法诞生于农耕文明的农业社会，保留着人类早期的"天、地、人"和谐统一的观念。

马克思主义唯物辩证法产生于近代西方第一次工业革命和机器大工业形成时期，建立在 19 世纪考古发现和自然科学成果的基础上。马克思、恩格斯以事实为依据采用古希腊哲学的辩证思维和德国哲学家特有的抽象思维和逻辑论证自己的理论，其思想表达方式是西方式大部头或精练的专著形式，所运用的论据除历史事实外，还有当时的考古发现和自然科学成果。

2. 表达方式不同

阴阳辩证法与唯物辩证法哲学思维的表达方式有很大的不同。阴阳辩证法蕴涵于中国古代典籍《易经》《道德经》《黄帝内经》等书中，其表达方式是文字极其精炼，没有长篇大论的概念逻辑论证，甚至呈现语录或对话式的文本体例。《易经》突出体现了六爻取象思维，《易经》的理论基础阴阳学说、天人合一的整体自然观都蕴含在了卦象、卦辞、爻辞之中。阴阳五行相生相克定律也有取象思维的表达方式，如阴阳五行相生相克意象图等，具有丰富的辩证法思想。五行学说详细阐述于《尚书》之中。

马克思主义唯物辩证法则是从客观事实出发，进行理论抽象和概念论证，并进行严密的逻辑推理，从而发现客观规律，建构其世界观和方法论，用三大规律即对立统一规律、质量互变规律、否定之否定规律和五大范畴即原因与结果、必然性与偶然性、可能性与现实性、现象与本质、内容与形式表达唯物辩证法的核心内容。

3. 对矛盾与和谐的认识不同

阴阳辩证法认为，宇宙的起点是和谐，终点也是和谐。和谐是宇宙的基本性质，和谐也是人类追求的理想境界。事物发展变化的开始、过程及其归宿都包含着和谐的因素。斗争是达致新的平衡与和谐的工具和手段。阴阳辩证法强调"平衡""中和""和实生物"，"和而不同""求同存异。"认为对立方面的斗争与和谐是构成事物发展的两个方面。事物的发展既有斗争又有和谐，两个方面各有其地位和作用。所以，阴阳辩证法并不否定自然进化和社会发展过程中出现对立、冲突和斗争，但认为，矛盾并不自始至终存在于一切事物发展过程中，任何事物也不是自始至终都存在矛盾冲突。事物之间如果达到了充分的协调与平衡，就会出现暂时没有矛盾冲突的和谐状态。对于非对抗性的矛盾和冲突，解决问题的主要手段是协调与平衡，斗争只是在一定条件下采取的手段，而化解矛盾、解决问题的最终目的是达致事物之间的协调、平衡与和谐。阴阳辩证法的标志性图像阴阳鱼图就表达了事物的阴阳和谐状态。阴阳辩证法虽然承认矛盾的普遍性，但更重视和谐的基本属性。人类社会存在着矛盾、对立和斗争，但更重要的是合作，合作才能产生新的事物和新的活力。

唯物辩证法强调"矛盾的存在是普遍的，没有什么事物不包含矛盾。矛盾存在的普遍性有两方面的意义：从共时态看，矛盾存在于一切事物之中；从历时态看，每一事物的发展过程自始至终都存在着矛盾。换言之，矛盾无处不在，无时不有。……矛盾是一切现实存在着的事物及其运动过程的本质。所谓事物的本质包含矛盾，就是说不仅要承认一个事物在本质上与自身是同一的，而且还要承认一个事物在本质上与自身又是对立的。只有承认每一事物的本质中都包含着肯定自身和否定自身两种对立的因素，才能把事物的运动理解为是事物自己的运动、自生的运动，才能真正达到对事物的辩证理解。"[1] 唯物辩证法的"对立统一"认识到了矛盾的两个方面具有"对立"和"统一"的属性，矛盾的双方既有对立、冲突和斗

---

[1] 陈先达，杨耕. 马克思主义哲学原理 [M]. 第4版. 北京：中国人民大学出版社，2016：122-123.

争的，又有互相渗透、互相转化的一方面。认为"对立统一"是对自然和社会所有矛盾关系的最高抽象，是自然、社会、思维三大领域的最普遍的规律。而阴阳辩证法是关于宇宙万物生成、发展、演变的认识，其所阐发的阴阳关系，不仅包括事物的对立、矛盾、斗争关系，而且包含事物平衡协调与和谐共生关系。

阴阳辩证法强调事物之间的平衡与和谐，但并不否定矛盾与斗争，然而，其对于斗争在事物发展中的地位、作用和意义缺乏充分的论证。

3. 对"天"与"自然"的认识不同

在中国古典哲学里，"天"，除了自然之天外，还有意志之天，道德之天，正如俗话所说"人在做，天在看"，"天知、地知、你知、我知"。中国哲学倡导人与自然和谐，人与社会和谐，人与人和谐，自我身心和谐。人通过不断地修身养性，逐步达到与天地和谐的境界。马克思主义没有类似的"天"的哲学概念，只有宇宙、世界、自然、人类社会等概念。自然就是物质世界自身，它是客观的，又是人类的改造对象。因此，自然既包括自在自然，又包括人化自然。人类面对的现实世界，就是自然、社会、人的辩证统一体。在马克思主义哲学中，人既不是道德的人，也不是天生自私的人，人的本质是社会关系的总和，因此，人是社会的人。人应该在社会实践中不断完善自己、提高自己，在改造客观世界中改造自己的主观世界。可见，在不同理论框架下，无论"天""地""人"还是自然、社会、人，都包含有不同的哲学含义。中华传统和谐思想阴阳辩证法与马克思主义唯物辩证法对于"天"和"自然"认识的差异，反映了不同历史时期人们对自然规律探索发现的视域不同。

第五章　和谐思想核心价值观
——仁义礼智信

中国传统和谐思想包括太极哲学世界观、阴阳辩证法方法论与核心价值观。和谐思想的核心价值观就是儒学倡导的"五常"：仁、义、礼、智、信。"仁"是孔子思想的核心，"仁者爱人"是从人类的血缘亲情延展而来的。"家和万事兴"是中国人普遍信奉的理念。这种源于血缘亲情的"仁爱"伦理观念由家庭关系延伸到群体关系和社会关系之中，形成了仁、义、礼、智、信等一整套伦理观念，这套伦理观念由儒家提出并加以论证，其中的仁爱、智慧等观念与老子的善和智的理念不谋而合。"五常"逐渐成为中国老百姓普遍信奉的道德准则，并长期传承，流传至今，成为中华传统文化价值观。所以，仁、义、礼、智、信也可以视为中国传统和谐思想的核心价值观。本章主要从《易经》《道德经》《论语》《礼记》等经典书籍中萃取仁、义、礼、智、信的基本内涵，并考察其在中国对外关系中的体现。

一、"仁"的基本内涵

（一）儒家和道家关于"仁"的论述

儒家和道家经典著作中有许多阐述"仁"和"善"的论述。归纳起来有以下几方面内容。

1. 仁者爱人，智者知人

孔子认为，有仁德的人既有仁爱之心，又能明辨是非。《论语》曰："樊迟问仁。子曰：'爱人。'问知，子曰：'知人。'""唯仁者能好人，能恶人。""不逆诈，不亿不信，抑亦先觉者，是贤乎！""巧言乱德。小不忍，则乱大谋。""友直，友谅，友多闻，益矣。友便辟，友善柔，友便佞，损矣。""志士仁人，无求生以害仁，有杀身以成仁。""苟志于仁矣，无恶也。""乡愿，德之贼也。"❶ 意思是说，有仁德的人不仅要有爱心，还要明辨是非，善于识别人，既能够去爱人，又能够与恶人做斗争。有仁德的人不在事先无故怀疑别人欺诈，不随便地推测别人不诚实，但是面对欺诈或不诚实时能及时察觉，机智处理，这种人是贤人。花言巧语会败坏人的美德。在小事情上不容忍，就会坏大事情。与正直、诚实、见多识广的人交朋友，是有好处的。而与虚伪做作、谄媚奉迎、巧嘴利舌的人交朋友，是有害的。志士仁人面对黑暗邪恶势力，不因贪生怕死而损害仁德，会勇于牺牲自己而保全仁德。如果人们诚心立志实行仁德，社会就不会有恶性事件发生。那种毫无是非观念从不得罪人的好好先生，是败坏道德的小人。

孔子把仁和智相结合，将仁者爱人视为仁的根本，但又把爱人和知人看作仁德之人的必备前提，既倡导仁爱他人，又强调分清是非，对于小人、恶人和坏人予以察觉、防备并进行必要的斗争。

老子《道德经》亦曰："知人者智，自知者明。胜人者有力，自胜者强。知足者富。强行者有志。不失其所者久。死而不亡者寿。"❷ 意思是

---

❶ 论语 [M]. 程昌明，译注. 沈阳：辽宁民族出版社，1996：138，34，164，177，185，173，35，196.

❷ 老子. 道德经 [M]. 徐澍，刘浩，注译. 合肥：安徽人民出版社，1990：93-94.

说，能认识别人的人叫作明智，能认识自己才是聪明。能战胜别人叫作有
力量，能克服自己的弱点才是刚强。知道满足的就是富有，坚持力行的就
是有志。不迷失根基就能长久。身死而道犹存就是永垂不朽。老子告诫世
人不仅要知人，明辨是非，还要有自知之明，明白自己的弱点。遵道而
行，适可而止。这种对"仁"的一体两面的透彻阐释充分体现了阴阳辩证
思维。

2. 五品之"仁"

孔子在《论语》中对"仁"的涵义做了比较详尽的解释。他说："能
行五者于天下，为仁矣。""请问之。"曰："恭，宽，信，敏，惠。恭则不
侮，宽则得众，信则人任焉，敏则有功，惠则足以使人。""居处恭，执事
敬，与人忠。""君子矜而不争，群而不党。""仁者安仁，知者利仁。"
"躬自厚而薄责于人，则远怨矣。""君子贞而不谅。""夫仁者，己欲立而
立人，己欲达而达人。""己所不欲，勿施于人。"❶意思是说，能够在天下
奉行五种品德的就是"仁"了。即：庄重、宽厚、诚实、勤敏、慈惠。庄
重就不会遭到侮辱，宽厚就会得到大家的拥护，诚实就会得到别人的任
用，勤敏就容易获得成功，慈惠就能够很好地使用人。有仁德的人庄重恭
敬，做事敬业，对待别人忠实诚恳。有仁德之人矜持庄重，不与人争私
利，能够合群相处，不结党营私。有仁德之人安于仁，懂得"仁"的益
处。对自己要多反省自察，对别人要少挑衅责备，这样可以有效地避免怨
恨。要追求大的信念，而不计较小的信誉。自己想建树的还应帮助别人建
树，自己想要达到的也应帮助别人达到，能由自己推及他人。自己所不希
望得到的，不要施加给别人。

---

❶ 论语 [M]. 程昌明，译注. 沈阳：辽宁民族出版社，1996：193，147，176，34，174，
180，67，176.

3. 上位者行仁之道

孔子在《论语》中提出了国家君主实行仁道的方法和途径。他说："民之于仁也，甚于水火。""宽则得众，信则人任焉，敏则有功，惠则足以使人。"上位者要"尊五美，屏四恶"。何谓五美？子曰："君子惠而不费，劳而不怨，欲而不贪，泰而不骄，威而不猛。"何为四恶？子曰：不教而杀谓之虐，不戒视成谓之暴，慢令致期谓之贼，犹之与人也。出纳之吝谓之有司。""德不孤，必有邻。""为政以德，譬如北辰居其所而众星共之。"❶ 意思是说，老百姓对于仁德的要求比对于水火的需要更迫切。当权者宽容就会得到百姓的拥护，诚实讲信用就会得到百姓的信任，勤敏就会产生功绩，公正就会使百姓高兴。当权者要尊崇五种美德，去掉四种恶政。五种美德是：给老百姓好处，但自己不耗费；管理老百姓，但不招致老百姓的怨恨；欲望合理，而不贪婪财物；态度矜持，而不骄傲；威严庄重，而不凶猛。四种恶政是：对老百姓事先不进行教育就加以杀戮，叫作虐；事先不告诫而苛求立即成功，叫作暴；开始松懈，突然限制期限完成，叫作贼；应当给予人民的，但在拿出手时却舍不得，叫作吝啬。有仁德的人不会孤独，一定有志同道合者与他为伴。用仁德去治理的国家会像北极星那样，安然处于自己的位置，其他星辰都自愿环绕它转动。

《礼记》的大学篇曰："古之欲明明德于天下者先治其国，欲治其国者先齐其家，欲齐其家者先修其身，欲修其身者先正其心，欲正其心者先诚其意，欲诚其意者先致其知，致知在格物。物格而后知至，知至而后意诚，意诚而后心正，心正而后身修，身修而后家齐，家齐而后国治，国治而后天下平。"❷ 这就是著名的"修身齐家治国平天下"之说。

老子用"善"来表达"仁"的意思，他所阐述的"善"，境界更高一

---

❶ 论语 [M]. 程昌明，译注. 沈阳：辽宁民族出版社，1996：179，193，219，220，41，10.
❷ 大学中庸译注 [M]. 王文锦，译注. 北京：中华书局，2008：2.

些。老子《道德经》曰："上善若水。水善利万物而不争，处众人之所恶，故几于道。居善地，心善渊，与善仁，言善信，政善治，事善能，动善时。夫唯不争，故无尤。"❶ 意思是说，最善的人像水一样。水善于滋润万物而不与万物相争，停留在众人都不喜欢的低洼之地，所以最接近于道。最善的人居住安于卑下，存心沉静而深不可测，与人相交友爱无私，说话真诚守信，为政能把国家治理好，办事能够发挥自己所长，行动能够把握时机。最善的人的所作所为正因为不争，所以无过失无忧虑。

　　老子生活在春秋末期，面对诸侯纷争，战乱频发，民不聊生，他分析了人民与统治者之间矛盾对立的根本原因，告诫统治者减少苛政，注重民生，不要肆意妄为，实行宽容的政治。他说："民之饥，以其上食税之多，是以饥。民之难治，以其上之有为，是以难治。民之轻死，以其上求生之厚，是以轻死。""民不畏威，则大威至。无狎其所居，无厌其所生。夫唯不厌，是以不厌。是以圣人自知不自见，自爱不自贵。故去彼取此。"❷ 意思是说，人民之所以饥饿，是由于统治者征收的赋税太多，所以人民才陷于饥饿。人民之所以难以统治，是由于统治者政令繁苛而肆意妄为，所以人民才难以统治。人民之所以不怕死，是由于统治者奉养自己的生活过于奢厚，所以人民才不怕死。人民不畏惧统治者的威压，那么可怕的祸乱就要发生了。不要逼迫人民不得安居，不要阻塞人民谋生的道路。只有不压迫人民，人民才不感到有压迫。因此，有"道"的"圣人"但求自知，而不自我表现；但求自爱，而不自显高贵。所以要舍去自见自贵，而保有自知自爱。

　　老子倡导国家领导者应该像居处下游的江海能包容百川之水那样宽厚包容，要谦让居下，不与民争利，以其不争而得到人民的信服和拥戴。掌握大权、高高在上的国家领导者具有使用权力和武力的条件，如果他们事

---

❶ 老子. 道德经 ［M］. 徐澍，刘浩，注译. 合肥：安徽人民出版社，1990：20 – 21.
❷ 老子. 道德经 ［M］. 徐澍，刘浩，注译. 合肥：安徽人民出版社，1990：205，199 – 200.

事处于人民之前，见利就争，肆意妄为，折腾老百姓，必然给人民带来无穷的损害和灾难，人民当然不会拥戴这样的昏君，势必起来造反，推翻其统治。《道德经》曰："江海之所以能为百谷王，以其善下之，故能为百谷王。是以圣人欲上民，必以言下之；欲先民，必以身后之。是以圣人处上而民不重，处前而民不害。是以天下乐推而不厌。以其不争，故天下莫能与之争。"❶ 意思是说，江海之所以为一切河川流水所汇往，因为它善于处在下游，所以能聚汇一切河川流水。因此，为政者要领导人民，必须用言词对人民表示谦下；要成为人民的表率，必须把自己的利益放在人民之后。因此，有"道"的人虽然地位居于人民之上，却使人民不感到负担沉重；居于人民之前，而使人民不感到有所妨害。因此，天下的人民乐于拥戴而不厌弃。因为他不同人民争，所以天下没有人能和他争。

老子论述了什么是永恒之德。他说："知其雄，守其雌，为天下溪。为天下溪，常德不离，复归于婴儿。知其白，守其黑，为天下式。为天下式，常德不忒，复归于无极。知其荣，守其辱，为天下谷。为天下谷，常德乃足，复归于朴。"❷ 意思是说，深知什么是雄强，却安于雌柔的地位，甘做天下的沟溪。甘做天下的沟溪，与永恒的"德"不相离，回复到单纯状态像个婴儿。深知什么是明亮，却安于暗昧的地位，甘做天下的楷模。甘做天下的楷模，与永恒的"德"不会差失，回复到最后的真理。深知什么是荣耀，却安于谦卑的地位，甘做天下的川谷。甘做天下的川谷，永恒的"德"才可以充足，回复到纯真素朴。老子把国家领导者分为四等。他说："太上，不知有之；其次，亲而誉之；其次，畏之；其次，侮之。信不足焉，有不信焉。"❸ 意思是说，最好的国家领导者，人民并不知道他的存在；其次的领导者，人民亲近而赞美他；再次的领导者，人民畏惧他；

---

❶ 老子. 道德经［M］. 徐澍，刘浩，注译. 合肥：安徽人民出版社，1990：184.
❷ 老子. 道德经［M］. 徐澍，刘浩，注译. 合肥：安徽人民出版社，1990：78 – 79.
❸ 老子. 道德经［M］. 徐澍，刘浩，注释. 合肥：安徽人民出版社，1990：46 – 47.

更次的领导者，人民轻蔑他。领导者不值得信任，人民才会对他有不信任感。可见，老子眼里的最好的国家领导者是无为而治即不违背客观规律遵道而行治理国家，是不随意折腾老百姓而全心全意为百姓谋利益的。

两千多年前，老子和孔子就告诫统治者要以人民的利益为根本，对老百姓施仁政，并且警告统治者，如果对人民施暴政，祸害老百姓，必将遭到人民的反抗。这些圣贤之人的教诲流传下来，激励着一批又一批仁义之士前赴后继，奋斗不已。中国历史上不乏为国为民的仁德之士，北宋名臣范仲淹在《岳阳楼记》中写出了千古绝句："先天下之忧而忧，后天下之乐而乐。"范仲淹把国家和民族的利益摆在第一位，他以此为座右铭，做官为民，在朝廷任职时推行"庆历新政"，建立严密的仕官制度，发展农桑，整顿武备，推行法制，减轻徭役。后来他遭保守派反对而被贬官下放，屡遭磨难，但为民之心依然矢志不渝。

在国际关系中，"仁"的价值观启示我们，国家之间要互相尊重，互相帮助，互利合作，和平共处。国家利益就是人民的利益，为人民谋利益就是仁政，危害人民的利益就是恶政。

（二）"仁"的现实运用与体现

中华传统和谐思想核心价值观"仁"在中国对外关系中有充分的体现。

1. 独立自主，反对霸权

《易经》和老子、孔子所阐述的"仁"都有反对大国称霸的思想。《易经》乾卦曰："亢龙有悔。""见群龙无首，吉。"❶ 意思是说，龙飞得过高，过于盛满，就会招致挫折悔吝。如果天上出现群龙相聚而都不自封为首领，这样就会吉祥。其《象传》曰："用九，天德不可为首也。"

---

❶ 易经［M］. 徐澍，张新旭，译注. 合肥：安徽人民出版社，1992：7.

意思是说，上天的美德是不自居于首。这些至理名言告诫我们，大国和强国在国际关系中不要以大欺小，以强凌弱，不要登峰造极，不要称霸世界。要虚怀若谷，像大海一样包容，像大地一样厚德，这样才符合"道"。

新中国成立前夕，毛泽东强调："中国必须独立，中国必须解放，中国的事情必须由中国人民自己作主张，自己来处理，不容许任何帝国主义国家再有一丝一毫的干涉。"❶ 1949 年 9 月，中国人民政治协商会议通过的《共同纲领》规定："中华人民共和国外交政策的原则，为保障本国独立、自由和领土主权的完整，拥护国际的持久和平和各国人民间的友好合作，反对帝国主义的侵略政策和战争政策。"这一规定确立了新中国外交政策"独立自主"和"维护和平"的主基调。1953 年 12 月，周恩来在会见印度代表团时第一次提出和平共处五项原则，后得到印度、缅甸政府共同倡导，成为国际社会公认的规范国际关系的重要原则。❷ 自 20 世纪 60 年代开始，中国就郑重向世界宣布："中国永远不称霸！"1978 年 5 月，邓小平明确指出，"如果中国还是社会主义国家，就不能实行霸权主义，仍然属于第三世界。"❸ 改革开放之后，以邓小平同志为核心的党的第二代中央领导集体把"反对霸权主义，维护世界和平"确定为 20 世纪 80 年代的三大任务之一。邓小平指出："中国永远不会称霸，永远不会欺负别人，永远站在第三世界一边。"❹ 1990 年 12 月 24 日，邓小平同几位中央负责同志说："第三世界有一些国家希望中国当头。但是我们千万不要当头，这是一个根本国策。……中国永远站在第三世界一边，中国永远不称霸，中国

❶ 毛泽东外交文选 [M]. 北京：中央文献出版社、世界知识产权出版社，1994：90.
❷ 坚持和完善独立自主的和平外交政策 [EB/OL]. （2019 – 12 – 13）［2022 – 02 – 06］. http：//opinion. people. com. cn/gb/n1/2019/1213/c1003 – 31503878. html.
❸ 邓小平文选：第二卷 [M]. 2 版. 北京：人民出版社，1994：112.
❹ 邓小平文选：第三卷 [M]. 北京：人民出版社，1993：56.

也永远不当头。"❶

中国共产党第十八次全国代表大会报告指出：弱肉强食不是人类共存之道，穷兵黩武无法带来美好世界。要和平不要战争，要发展不要贫穷，要合作不要对抗，推动建设持久和平、共同繁荣的和谐世界，是各国人民共同愿望。我们主张，在国际关系中弘扬平等互信、包容互鉴、合作共赢的精神，共同维护国际公平正义。平等互信，就是要遵循联合国宪章宗旨和原则，坚持国家不分大小、强弱、贫富一律平等，推动国际关系民主化，尊重主权，共享安全，维护世界和平稳定。包容互鉴，就是要尊重世界文明多样性、发展道路多样化，尊重和维护各国人民自主选择社会制度和发展道路的权利，相互借鉴，取长补短，推动人类文明进步。合作共赢，就是要倡导人类命运共同体意识，在追求本国利益时兼顾他国合理关切，在谋求本国发展中促进各国共同发展，建立更加平等均衡的新型全球发展伙伴关系，同舟共济，权责共担，增进人类共同利益。……中国主张和平解决国际争端和热点问题，反对动辄诉诸武力或以武力相威胁，反对颠覆别国合法政权，反对一切形式的恐怖主义。中国反对各种形式的霸权主义和强权政治，不干涉别国内政，永远不称霸，永远不搞扩张。❷

2014 年 6 月 28 日，习近平总书记在和平共处五项原则发表 60 周年纪念大会发表讲话说，中华民族历来崇尚"和为贵"、"和而不同"、"协和万邦"、"兼爱非攻"等理念。我们要尊重文明多样性，推动不同文明交流对话、和平共处、和谐共生，不能唯我独尊、贬低其他文明和民族。人类历史告诉我们，企图建立单一文明的一统天下，只是一种不切实际的幻

---

❶ 邓小平文选：第三卷 [M]．北京：人民出版社，1994：363．

❷ 中国共产党第十八次全国代表大会报告 [R/OL]．（2012 - 11 - 18）[2022 - 02 - 02]．http://cpc.people.com.cn/n/2012/1118/c64094 - 19612151 - 11.html.

想。❶ 2015 年 9 月 3 日，习近平总书记在纪念中国人民抗日战争暨世界反法西斯战争胜利 70 周年大会讲话指出，中华民族历来爱好和平。无论发展到哪一步，中国都永远不称霸、永远不搞扩张，永远不会把自身曾经经历过的悲惨遭遇强加给其他民族。❷

中国政府在国际社会坚持"永远不称霸"的根本国策，提倡国际民主化，主张全球的事情各国协商来解决，国家之间的事情通过当事国双边或多边协商谈判来解决。这些国策和理念充分体现了和谐思想"仁"的价值观。

2. 善待周边国家

2005 年 12 月 12 日，温家宝出席东亚峰会领袖对话会议发表讲话说，"中国的发展离不开世界，更离不开东亚。中国所奉行的'与邻为善、以邻为伴'的外交政策进一步拉近了中国与周边国家的关系。中国积极致力于东亚合作，目的是'睦邻、安邻、富邻'。中国希望通过合作，促进本地区的和平与繁荣，同时为自身的发展创造良好的外部环境。"❸

2013 年 10 月 24 日，习近平总书记在周边外交工作座谈会讲话指出，我国周边外交的基本方针，就是坚持与邻为善、以邻为伴，坚持睦邻、安邻、富邻，突出体现亲、诚、惠、容的理念。要坚持睦邻友好，守望相助，多走动，多做得人心、暖人心的事，增强亲和力、感召力、影响力。要诚心诚意对待周边国家，争取更多朋友和伙伴。要本着互惠互利的原则同周边国家开展合作，把双方利益融合提升到更高水平，让周边国家得益

❶ 习近平. 弘扬和平共处五项原则 建设合作共赢美好世界：在和平共处五项原则发表 60 周年纪念大会上的讲话［EB/OL］.（2014 - 06 - 28）［2022 - 02 - 05］. https：//news. 12371. cn/2014/06/28/ARTI1403964781935581. shtml？from = singlemessage.

❷ 习近平. 中国永远不称霸 永远不搞扩张［EB/OL］.（2015 - 09 - 03）［2022 - 02 - 05］. http：//politics. people. com. cn/n/2015/0903/c398090 - 27543269. html.

❸ 温家宝出席东亚峰会领袖对话会议并发表重要演讲［EB/OL］.（2005 - 12 - 12）［2022 - 02 - 02］. http：//www. gov. cn/govweb/ldhd/2005 - 12/12/content_124398. htm.

于我国发展，使我国也从周边国家共同发展中获得裨益和助力。要倡导包容的思想，以更加开放的胸襟和更加积极的态度促进地区合作。要坚持互信、互利、平等、协作的新安全观，推进同周边国家的安全合作。❶

1991 年，中国与东盟建立了对话关系。中国是第一个加入《东南亚友好合作条约》、第一个同东盟建立战略伙伴关系的大国，也是第一个同东盟建立自贸区的主要经济体。❷ 30 多年来，中国与东盟睦邻友好、合作共赢关系体现了相互尊重、守望相助、包容互鉴的精神，既维护了地区总体稳定，又实现了经济的持续增长。

3. 援助发展中国家

20 世纪 60 年代，中国还比较贫穷，就开始援助非洲，帮助一些非洲国家修建铁路、公路和桥梁，提供无息贷款。改革开放以后中国继续对非洲国家提供低息贷款，开展投资贸易，中国对非洲国家的援建工程和贷款投资都是不附带任何政治条件的。

近几年，中国每年援助非洲至少 600 亿美元，这些援助大多是低息贷款，主要用于在非洲国家进行铁路、公路、港口等基础建设，创造大量就业机会，帮助非洲人民摆脱贫穷。2005—2015 年，中国免除了 50 个重债穷国 300 亿元人民币债务。中国共向 166 个国家和国际组织提供了近 4000 亿元人民币援助，派遣 60 多万援助人员，其中 700 多名中国人在对外援助工程中牺牲。❸

2013 年，中国提出"一带一路"倡议后，发起成立亚洲投资银行，通过市场运作促进"一带一路"沿线国家经济发展。通过"共商、共建、共

---

❶ 习近平在周边外交工作座谈会上发表重要讲话［EB/OL］.（2013 – 10 – 25）［2022 – 02 – 02］. http：//www. xinhuanet. com/politics/2013 – 10/25/c_117878897. htm.

❷ 阮宗泽. 中国东盟伙伴关系三十而立［N］. 人民日报，2021 – 11 – 29（16）.

❸ 习近平在联合国发展峰会上的讲话［EB/OL］.（2015 – 09 – 27）［2022 – 02 – 05］. http：//www. xinhuanet. com/politics/2015 – 09/27/c_1116687809. htm.

享"打通欧亚大陆通道，创造沿线国家经济合作新模式，促进各国经济发展。中国表示，在与发展中国家合作过程中，中国将在一些具体问题上照顾对方利益。

2015年9月27日，习近平主席在联合国发展峰会讲话提出，中国将设立"南南合作援助基金"，首期提供20亿美元，支持落实2015年后发展议程。中国将继续增加对最不发达国家投资，力争2030年达到120亿美元。将免除对有关最不发达国家、内陆发展中国家、小岛屿发展中国家，截至2015年年底到期未还的政府间无息贷款债务。中国将设立国际发展知识中心，同各国一道研究和交流适合各自国情的发展理论和发展实践。倡议探讨构建全球能源互联网，推动以清洁和绿色方满足全球电力需求。❶中国对"一带一路"新增投入，向丝路基金新增资金1000亿元人民币。金融机构开展人民币海外基金业务约3000亿元人民币。中国国家开发银行、进出口银行将分别提供2500亿元和1300亿元人民币专项贷款；向参与"一带一路"建设的发展中国家和国际组织提供600亿元人民币援助；向"一带一路"沿线发展中国家提供20亿元人民币紧急粮食援助。中国将向南南合作援助基金增资10亿美元；在"一带一路"沿线国家实施100个"幸福家园"、100个"爱心助困"、100个"康复助医"项目；向有关国际组织提供10亿美元落实一批惠及沿线国家的合作项目。❷

在国际社会，中国积极参加维护和平的行动。自中国恢复联合国合法席位至今，中国向联合国维和行动派出军事人员、警察和民事官员2万多人次。

2015年11月30日至12月11日，第21届联合国气候变化大会在巴黎

---

❶ 习近平在联合国发展峰会上的讲话［EB/OL］.（2015－09－27）［2022－02－05］. http：//www.xinhuanet.com/politics/2015－09/27/c_1116687809.htm.

❷ 商务部援外司详解"一带一路"合作发展项目［EB/OL］.（2017－05－15）［2022－09－16］. https：//www.chinanews.com.cn/cj/2017/05－15/8224500.shtml.

举行。这届气候大会的目的是促使 196 个缔约方（195 个国家＋欧盟）形成统一意见，达成一项普遍适用的协议，并于 2020 年开始付诸实施。中国与美国、欧盟、巴西、印度等就气候变化签署了多项双边声明，提前化解了此前纠缠谈判进展的诸多分歧。这届气候大会与以往大会相比，最大的不同在于气候谈判模式发生了根本性的转变，由自上而下"摊牌式"的强制减排改为自下而上的"国家自主贡献"。中国积极主动地落实所承担的减排任务，在国内大力推行"绿色 GDP"，把碳达标作为检查各级地方政府政绩的重要指标。

二、"义"的基本内涵

（一）儒家和道家关于"义"的论述

"义"是指适宜、正当、正义。强调人应当按照"道"即客观规律做事，要有正当防卫能力，有保卫自己、家庭和祖国不受侵犯的正义之心。生活在社会关系中的人不仅有个人利益，还有集体利益、社会利益和国家利益。仁人义士不仅要顾及自己的小家，还要保卫自己的祖国。

《易经》和孔子、老子的著作中有不少关于"义"的论述，归纳起来有以下几方面内容。

1. 君子喻于义

孔子认为："礼就是对事务的治理。""治理国家倘若没有礼，就犹如盲人没有扶助引导的人。""礼有理的意思，乐有节的意思。君子没有道理的事不为，没有节制的事不做。"❶

---

❶ 大学中庸译注［M］．王文锦，译注．北京：中华书局，2008：145，147．

孔子曰："君子喻于义，小人喻于利。""君子上达，小人下达。""见利思义，见危授命。""君子义以为质，礼以行之，孙以出之，信以成之。""放于利而行，多怨。""君子义以为上，君子有勇而无义为乱，小人有勇而无义为盗。"❶ 意思是说，君子追求正义，小人追求私利。君子通达于仁义，小人通达于财利。君子看到利益要考虑道义，遇到危险肯献出生命，做人以符合道义为原则，按照礼节行事，用谦逊的言语说话，用诚实的态度做事。如果一切依照个人利害关系行事，就容易招来别人的众多怨恨。君子把义看作最高尚的，即便是君子，如果只有勇而没有义，就会捣乱造反；小人只有勇而没有义，就会做强盗。

2. 行义以达其道

在孔子看来，有仁德的君子应坚守正义并符合道义。孔子曰："仁者必有勇。""以直报怨，以德报德。""见善如不及，见不善如探汤。……行义以达其道。""有恶：恶称人之恶者，恶居下流而讪上者，恶勇而无礼者，恶果敢而窒者。""志士仁人，无求生以害仁，有杀身以成仁。……工欲善其事，必先利其器。"❷ 意思是说，仁人义士必定勇敢。君子应该以公平正直来回报怨恨，以恩德来回报恩德。看见善良的，就好像赶不上似的奋力追求；看见邪恶的，就好像要把手伸到沸水中那样赶紧避开。要根据正义之道而行动以实现自己的理想。君子有厌恶的人，厌恶传扬别人坏处的人，厌恶处在下位而诽谤地位在他以上的人，厌恶勇敢却不懂得礼节的人，厌恶固执任性顽固不化的人。志士仁人，不因贪生而损害仁德，勇于牺牲自己而保全仁德。工匠要想完成他的活儿，必定先要使他的工具锋利。君子要坚持正义，行侠仗义，惩恶扬善，不仅要大义凛然，勇敢无畏，还要有强大的实力、本事和本领。

---

❶ 论语 [M]. 程昌明，译注. 沈阳：辽宁民族出版社，1996：39，162，157，175，37，200.
❷ 论语 [M]. 程昌明，译注. 沈阳：辽宁民族出版社，1996：154，165，187，200，173.

3. 慎战与义战

《易经》第七卦师卦论述了战争和用兵思想，认为战争的性质是否正义至关重要。战争的性质正义与否直接关系到百姓是否拥护。领导人能使民众进行正义的战争，就能保卫和统一国家。所以，领导人一定要主持正义，坚守正道，德才兼备，心怀天下，容民畜众。这样才能得到人民的拥护。❶

老子《道德经》有许多关于慎战与义战的论述，他说："兵者不祥之器，非君子之器。不得已而用之，恬淡为上，胜而不美，而美之者，是乐杀人。夫乐杀人者，则不可以得志于天下矣。"❷ 意思是说，兵器是不祥之物，不是君子平常可使用的东西，不得已而使用它，最好淡然处之。胜利了也不要自以为了不起，如果自以为了不起，就是乐于杀人。凡是乐于杀人的人，就不可能得志于天下。

老子所说的不得已而使用武器，是指国家在自卫和防御时才使用武器，即以自卫战争反击侵略战争，以正义战争反抗非正义战争。关于用兵作战的方针和方法，老子讲的战略战术原则是不逞勇武，不轻易发怒，不正面冲突，充分发挥人的才智能力，以不争达到争的目的。主张以守为主，以守取胜，但不是单纯地守，而是在恰当的时机该攻则攻。老子曰："善为士者，不武；善战者，不怒；善胜敌者，不与；善用人者，为之下。是谓不争之德，是谓用人之力，是谓配天古之极。""用兵有言：'吾不敢为主，而为客；不敢进寸，而退尺。'是谓行无行，攘无臂，扔无敌，执无兵。祸莫大于轻敌，轻敌几丧吾宝。故抗兵相若，哀者胜矣。"❸ 意思是说，善于做将帅的人，不妄逞勇武；善于作战的人，不轻易被人激怒；善

---

❶ 易经［M］. 徐澍，张新旭，译注. 合肥：安徽人民出版社，1992：49 – 50.
❷ 老子. 道德经［M］. 徐澍，刘浩，注译. 合肥：安徽人民出版社，1990：88.
❸ 老子. 道德经［M］. 徐澍，刘浩，注译. 合肥：安徽人民出版社，1990：189，191 – 192.

于战胜敌人的人，不会与敌人正面打硬拼；善于用人的人，态度谦下。这叫作不争之"德"，这叫作运用别人的能力，这叫作符合自然法则。有用兵之人曾说：我不敢先采取攻势，而采取守势；不敢前进一寸，而要后退一尺。这就叫作虽然已有阵势，却像没有阵势可摆的样子；虽然要奋臂进击，却像没有臂膀可举的样子；虽然面对敌人，却像没有敌人可打的样子；虽然手持兵器，却像没有兵器可持的样子。祸患没有比轻敌更大的了，轻敌几乎丧失了"三宝"，所以两军势力相当时，谨慎悲切的一方获得胜利。老子所说的"三宝"是慈爱、俭啬、不敢居于天下人的前面。"慈爱所以能勇武，俭啬所以能宽广，不敢居于天下人之先，所以能成为万物的首长。"❶

老子主张国家在自卫反击时才能用兵作战，在战争取得胜利后不要自高自大，自我夸耀，更不要依仗其强大的军事实力称霸世界，因为这不合乎道。他说："以道佐人主者，不以兵强天下。其事好还。师之所处，荆棘生焉。大军之后，必有凶年。善者果而已，不敢以取强。果而勿矜，果而勿伐，果而勿骄，果而不得已，果而勿强。物壮则老，是谓不道，不道早已。"❷ 意思是说，用道辅助君主的人，不靠兵力逞强于天下。用兵这件事总是会得到报应的。军队打过仗的地方，荆棘就长满了。大战之后必然会出现荒年。善用兵的人只求达到目的就算了，不敢用兵力来逞强。达到目的了不要自高自大、不要夸耀、不要骄傲。要认为这是出于不得已，达到目的了不要逞强。国家滥用强盛的兵力就会走向衰败，此乃兵事不合于道，不合于道很快就会灭亡。欺负别人和压迫别人，往往要被别人还回来。

老子对国家采用战争手段解决问题持十分谨慎的态度，他反对大国、强国穷兵黩武，用强兵称霸天下。

老子和孔子倡导的"仁义"激励着中国历史上一代又一代志士仁人英

---

❶ 老子. 道德经 [M]. 徐澍，刘浩，注译. 合肥：安徽人民出版社，1990：188.
❷ 老子. 道德经 [M]. 徐澍，刘浩，注译. 合肥：安徽人民出版社，1990：84-85.

勇无畏保卫家国。中国历史上出现过不少智勇双全、名留千古的义士。如汉武帝时期的军事将领卫青，率领将士赶走了匈奴来犯军队；明朝抗倭名将戚继光为保家卫国而戎马一生。当中国遭受外敌侵犯，处于危难之时，总有人挺身而出为捍卫祖国赴汤蹈火在所不辞。"天下兴亡，匹夫有责"的正义之声响遍中华大地。

中国古代军事经典《孙子兵法》《孙膑兵法》提供了对敌斗争的智慧、谋略和策略。中华传统文化宝库中不仅有道家和儒学，还有回击来犯者的兵书和兵法。所以，"仁"和"义"是一对密不可分的价值观，仁义并用方成阴阳。在国际关系中，"义"的价值观启示我们，一个国家捍卫自己的主权、领土、领空、领海就是"义"，被侵略国家用战争方式赶走侵略者就是"义"，用正义战争制止非正义战争就是"义"。

（二）"义"的现实运用与体现

2021年9月21日，习近平主席在第七十六届联合国大会一般性辩论会议发表了《坚定信心 共克时艰 共建更加美好的世界》的讲话，提出了全球发展倡议。2022年4月21日，习近平主席出席博鳌亚洲论坛2022年年会开幕式发表《携手迎接挑战，合作开创未来》主旨演讲时提出了全球安全倡议。全球发展倡议呼吁国际社会加快落实2030年可持续发展议程，推动实现更加强劲、绿色、健康的全球发展，构建全球发展命运共同体。全球发展倡议提出了"六个坚持"，即坚持发展优先，坚持以人民为中心，坚持普惠包容，坚持创新驱动，坚持人与自然和谐共生，坚持行动导向。全球安全倡议以"六个坚持"为核心要义，即坚持共同、综合、合作、可持续的安全观；坚持尊重各国主权、领土完整；坚持遵守联合国宪章宗旨和原则；坚持重视各国合理安全关切；坚持通过对话协商以和平方式解决国家间的分歧和争端；坚持统筹维护传统领域和非传统领域安全。回应了国际社会维护世界和平、防止冲突战争的迫切需要，顺应了世界各国坚持多边主义、维护国际团结的共同追求，响应了各国人民共克时艰、携手开创疫后美好世界的普遍愿望，在坚持共同、综合、合作、可持续的安全观基础上，进一步推动构建均衡、有效、可持续的安全架构。两大倡议呼应了各国人民追求幸福生活、促进发展进步和实现共同安全的美好愿望。❶习近平主席的讲话体现了中国维护世界和平与合作，防止冲突战争的仁义观。

　　2023 年 2 月 18 日，中共中央政治局委员、中央外事工作委员会办公室主任王毅在德国出席慕尼黑安全会议并发表题为《建设一个更加安全的世界》主旨讲话。他表示，为了世界更安全，我们都要坚持尊重各国主权和领土完整。王毅批评了国际社会出现的强权政治、霸权主义行为，指出："强权政治、霸权行径扰乱世界安宁，已成为国际和平面临的最大破坏性因素。肆意干涉别国内部事务，无论编造什么理由，都是对国际关系基本准则的无视和背叛。国与国难免出现矛盾和摩擦，施压抹黑、单边制裁，往往事与愿违，甚至贻害无穷。无论问题多么复杂，都不应放弃对话协商；无论争端如何尖锐，都应坚持政治解决；无论局势多么困难，都要给和平一个机会。当今世界面临诸多动荡战乱，根源正是宪章的宗旨和原则没有得到真正的遵守。挑起意识形态对立，编织排他性小圈子，破坏了国际团结，阻碍了国际合作。夸大安全威胁，蓄意制造紧张，削弱了战略互信，增加了误判风险。当务之急是，各方都应放弃本国利益优先的'小道理'，服从遵守联合国宪章宗旨和原则的'大道理'。共同反对冷战思维，共同抵制阵营对抗。"❷王毅还强调了可持续发展的作用。指出："为了世界更安全，我们都要重视发展的关键作用。世界不能富者恒富、贫者

---

❶　全球发展倡议和全球安全倡议意义重大［EB/OL］.（2022 – 04 – 29）［2022 – 09 – 05］. https：//baijiahao. baidu. com/s？ id = 1731423003881699213&wfr = spider&for = pc.

❷　王毅. 为了世界更安全［EB/OL］.（2023 – 02 – 18）［2023 – 02 – 28］. https：// www. mfa. gov. cn/web/zyxw/202302/t20230218_11027050. shtml.

恒贫。必须加快落实联合国 2030 年可持续发展目标，切实保障世界各国特别是广大发展中国家的正当发展权利，助力落后地区改善民生，振兴经济，标本兼治，消除滋生冲突的土壤。世界更不应走上保护主义、脱钩断链的歧途。必须坚决抵制将贸易科技合作政治化、武器化、意识形态化的图谋。各国人民都过上好日子，安全才可能牢固和持久。"❶ 王毅的讲话体现了中国反对霸权主义、强权政治和冷战思维，维护世界安全，坚持可持续发展的正义观。

中国共产党和政府在国际社会坚持正义，捍卫本国核心利益，在国内也坚持公平正义，不忘全心全意为人民服务的初心，始终把改善民生、消除贫困和实现共同富裕作为宗旨。在严厉惩治贪官污吏的同时，实行扶贫和脱贫政策，缩小居民贫富差距。改革开放后，中国实施了有组织有计划大规模的扶贫行动。2001 年以来，国务院发布了 20 多个关于农村扶贫开发、农村最低生活保障、农村残疾人扶贫、教育扶贫、开发东西部扶贫协作工作等文件。

党的十八大以来，以习近平同志为核心的党中央把脱贫攻坚作为全面建成小康社会的底线任务和标志性指标，做出了一系列重大部署。脱贫攻坚战打响后，党中央围绕精准扶贫精准脱贫，改革创新扶贫体制机制，构建了完善的中国特色脱贫攻坚制度体系。❷ 中国建立了扶贫的专门机构。扶贫开发领导小组和地方贫困地区开发办公室始终是减贫的重要参与者。这些机构设计扶贫政策，并因地制宜地实施这些政策。中国展开了精准扶贫，细化了贫困瞄准政策，从一开始的全国范围推进，到西部大开发战略广泛的区域性政策以及先选择贫困县、再到贫困村、最后到贫困户。

---

❶ 王毅. 为了世界更安全［EB/OL］.（2023－02－18）［2023－02－28］. https：//www. mfa. gov. cn/web/zyxw/202302/t20230218_11027050. shtml.

❷ 黄承伟. 新时代脱贫攻坚的伟大成就［EB/OL］.（2023－02－01）［2023－02－09］. http：//paper. ce. cn/pc/layout/202302/01/node_09. html.

2014—2018 年，以 7000 万贫困户的数据库为基础的"精准扶贫"指导政府在"最后一公里"瞄准剩余贫困人口的工作。❶ 脱贫攻坚在物质、理论、制度、精神层面取得了一系列伟大成果，走出了一条中国特色减贫道路。

世界银行行长金墉在 2018 年 11 月北京举行的改革开放与中国扶贫国际论坛上表示，"中国最高层强有力的政治支持以及扶贫专门机构是中国减贫顺利推进的重要经验。在改革开放 40 年内，8 亿多中国人摆脱了贫困。中国在世界经济中的占比从 1978 年的 1.5% 提升到今天的 15%。人均收入从 1978 年的 300 美元增加了 20 多倍，2017 年达到 7300 美元，越来越多的国家将中国看成一个发展典范，因此理解中国的改革对于世界其他国家日益重要。"❷ 从脱贫攻坚战开始至 2020 年底，全国 832 个贫困县全部摘帽，近一亿农村贫困人口实现脱贫，960 多万贫困人口实现易地搬迁，历史性解决了绝对贫困问题，为世界减贫事业作出了重大贡献。❸ 二十大报告指出，"我们经过接续奋斗，实现了小康这个中华民族的千年梦想，我国发展站在了更高历史起点上""我们坚持精准扶贫、尽锐出战，打赢了人类历史上规模最大的脱贫攻坚战"。中国完成脱贫攻坚、全面建成小康社会的历史任务，实现第一个百年奋斗目标，成为全球最早实现联合国千年发展目标中减贫目标的发展中国家。

由此可见，中华传统和谐思想的仁义价值观在中国共产党和政府的国内外政策实践中均有明显的体现。

---

❶ 中国成世界扶贫典范 ［EB/OL］．（2018 - 11 - 26）［2023 - 03 - 09］．http：//www.gov. cn/zhengce/2018 - 11/26/content_5343266. htm.

❷ 中国成世界扶贫典范 ［EB/OL］．（2018 - 11 - 26）［2023 - 03 - 09］．http：//www.gov. cn/zhengce/2018 - 11/26/content_5343266. htm.

❸ 黄承伟. 新时代脱贫攻坚的伟大成就 ［EB/OL］．经济日报，（2023 - 02 - 01）［2023 - 02 - 09］．http：//paper. ce. cn/pc/layout/202302/01/node_09. html.

三、"礼"的基本内涵

（一）儒家和道家关于"礼"的论述

儒家所指的"礼"倡导人的言行符合礼仪和礼貌待人。礼仪包括典章制度和法律法规，如国家的礼仪典章、政治制度、经济制度、文化制度、法律和政令等。中华传统文化崇尚礼仪，有皇帝祭天礼仪，有平民祭祖礼仪，有婚丧嫁娶礼仪，有迎宾礼仪，还有日常生活中的礼尚往来。"礼"的另一层意思就是谦虚谨慎，礼貌待人，做事有礼，不肆意妄为。

儒家和道家有许多关于"礼"的论述，归纳起来有以下几方面内容。

1. 克己复礼

孔子曰："克己复礼为仁。""恭而无礼则劳，慎而无礼则葸，勇而无礼则乱，直而无礼则绞。"❶ 意思是说，克制自己，使自己的语言行动符合礼仪道德，这就是仁。如果人们只注重形式上态度恭敬却不懂得礼，就会肤浅而劳累；如果人们只知道小心谨慎处事却不知礼，便会畏惧害怕；如果人们只靠勇敢有胆量却不知礼，就会犯上作乱；如果人们心直口快却不懂礼，便会尖刻刺人。孔子主张人们要克制自己的私欲和贪婪，用礼仪道德约束自己的行为，做有仁德的人。儒家经典《礼记》也说："敖不可长，欲不可从，志不可满，乐不可极。"❷ 意思是说：傲气不可滋长，欲望不可放纵，志气不可自满，享乐不可超限。

---

❶ 论语 [M]. 程昌明，译注. 沈阳：辽宁民族出版社，1996：129，81.
❷ 礼记·孝经 [M]. 胡平生，陈美兰译注. 北京：中华书局，2007：4.

2. 上位者遵礼

孔子认为的"礼",还有一层含义,就是对国家的治理。"治理国家倘若没有礼,就犹如盲人没有扶助引导的人。"❶

孔子曰:"上好礼,则民易使也。""修己以敬。""修己以安人。""修己以安百姓。""君子求诸己。"❷ 意思是说,在高位的人能遵循礼法,那么百姓就容易管理了。领导者要使自己修身养性、恭敬谦逊,用自己的修身养性使亲朋好友安乐,使所有的百姓安乐。君子要严以律己,宽以待人。

《礼记》曰:"道德仁义,非礼不成;教训正俗,非礼不备;分争辩讼,非礼不决;……宦学事师,非礼不亲;班朝治军,莅官行法,非礼威严不行。"❸ 意思是说,道德仁义,若没有礼就不能实行和完成;教导训诫,端正风俗,若没有礼就不能完备;分别争讼,若没有礼就不能决断是非曲直;学习做官,学习道艺而跟从师长,若没有礼就不能亲近和睦;上朝排列、治理军队,做官在位,执行法令,若没有礼就没有威严,而一事无成。所以,儒家主张国家领导者要制定礼法,并带头遵守礼法。礼的教化作用在于,"它能在邪恶尚未形成的时候就能加以防止,它能使人们不知不觉地日趋善良、远离罪过。""君上施政酌取人民的意见,那下层人民就尊重君上的措施;君上施政不酌取人民的意见,就违犯民心。下层人民不尊重君上的措施,就要出乱子。"❹

3. 谦虚谨慎,礼貌待人

"礼"不仅有礼仪典章的意思,而且有谦虚谨慎的含义。《易经》第十

---

❶ 大学中庸译注 [M]. 王文锦,译注. 北京:中华书局,2008:145.
❷ 论语 [M]. 程昌明,译注. 沈阳:辽宁民族出版社,1996:168,176.
❸ 礼记·孝经 [M]. 胡平生,陈美兰译注. 北京:中华书局,2007:6.
❹ 大学中庸译注 [M]. 王文锦,译注. 北京:中华书局,2008:134,161.

卦履卦倡导人的行为要合礼。一是要维护社会礼仪、规范和秩序；二是要注意和，以和为贵，谦虚谨慎，在尊重差别的基础上达到和谐的目的。❶《易经》第十五卦谦卦是六十四卦中最吉祥的一卦，下三爻是吉，上三爻是无不利。谦卦提倡谦虚，谦虚谨慎就能吉。《象传》曰："谦亨。天道下济而光明，地道卑而上行。天道亏盈而益谦，地道变盈而流谦，鬼神害盈而福谦，人道恶盈而好谦。谦尊而光，卑而不可逾，君子之终也。"❷ 意思是说，谦逊必然亨通。天道的特点是向下成就万物而自身光明，地道的特点是位置低而地气上升。天道是损盈满补充谦虚，地道是改变盈满充实谦虚，鬼神为害盈满而造福谦虚，人道厌恶盈满而喜好谦虚。谦逊，使地位高的人显得更为光彩，使地位低的人显得品德高尚难以超越。所以，只有君子能终身谦逊。

孔子十分重视谦虚的品德，《论语》曰："君子泰而不骄。"❸ 意即君子要心情安宁，谦虚谨慎，不骄傲自大。老子的《道德经》也有许多倡导谦虚谨慎、戒骄戒躁的论述。老子曰："企者不立，跨者不行。自见者不明；自是者不彰；自伐者无功；自矜者不长。"❹ 意思是说，踮起脚跟想要站得高，反而站立不住；跃起大步想要快走，反而行走不快。自我显扬的反而不能彰明；自以为是的反而不能昭彰；自我夸耀的反而不能见功；自高自大的反而不能做众人之长。

老子不仅倡导个人要谦虚有礼，而且主张国家之间要互相尊重，谦和相处。他说："大邦者下流，天下之交也，天下之牝，牝常以静胜牡，以静为下。故大邦以下小邦，则取小邦；小邦以下大邦，则取大邦。……大邦不过欲兼畜人，小邦不过欲入事人。夫两者各得其所欲，大者宜为

---

❶ 易经 [M]. 徐澍，张新旭，译注. 合肥：安徽人民出版社，1992：64.
❷ 易经 [M]. 徐澍，张新旭，译注. 合肥：安徽人民出版社，1992：90－91.
❸ 论语 [M]. 程昌明，译注. 沈阳：辽宁民族出版社，1996：150，151.
❹ 老子. 道德经 [M]. 徐澍，刘浩，注译. 合肥：安徽人民出版社，1990：68－69.

下。"❶ 意思是说，大国要像居于江河下游那样，使天下百川交汇于此，自居于雌柔的位置。而雌柔常以安静胜过雄强，这是因为安静居下的缘故。所以大国对小国谦下，就可以取得小国的信赖；小国对大国谦下，就可以见容于大国。大国不要过分想统治小国，小国不要过分想奉承大国。大国小国都各自达到愿望，大国特别应该谦下。

老子的这一思想道出了国家之间和平共处的真谛，大小国家应当互相礼让尊重，大国强国不要恃强凌弱，更不要依仗其实力称霸世界。

（二）"礼"的现实运用与体现

"礼"在中国对外关系中的体现就是倡导大小国家互相尊重、互利合作。大国因其实力强大，位居优势，更应该谦虚礼让，尊重他国。大国强国不欺负小国弱国，不以本国价值观和政治制度作为标准去衡量他国或改造他国。

中国是世界上拥有邻国最多的国家，直接接壤的邻国就有 14 个，边界问题复杂。2013 年 10 月，中共中央召开新中国历史上首次周边外交工作座谈会，习近平总书记发表了重要讲话，指出我国周边外交的基本方针，就是坚持与邻为善、以邻为伴，坚持睦邻、安邻、富邻，突出体现亲、诚、惠、容的理念。"亲是指要巩固与周边国家地缘相近、人缘相亲的友好情谊；诚，是指坚持以诚待人、以信取人的相处之道；惠，是指履行惠及周边、互利共赢的合作理念；容，是指展示开放包容、求同存异的大国胸怀。"❷

中国对于周边国家采取"亲、诚、惠、容"的态度赢得了周边绝大多数国家的信任。到目前为止，中国已同周边各国建立了外交关系，并与绝

---

❶ 老子. 道德经［M］. 徐澍，刘浩，注译. 合肥：安徽人民出版社，1990：168－169.
❷ 吴炎炎. 中国周边外交新理念探析［EB/OL］.（2018－09－27）［2022－02－05］. https：//www.fx361.com/page/2018/0927/4302531.shtml.

大多数邻国确立了各种形式的伙伴关系，中国与 12 个邻国签署了陆地边界划分条约，已经划定的边界约占边界总长度的 92%。2002 年中国与东盟签署了《南海各方行为宣言》。2003 年 10 月中国正式加入《东南亚友好合作条约》，中国与东盟宣布建立面向和平与繁荣的战略伙伴关系。

2001 年 6 月中国与俄罗斯、中亚五国成立了上海合作组织。2015 年 6 月，中国和韩国签订自由贸易区协定（FTA）。2021 年中国与东盟十国及日本、韩国、澳大利亚、新西兰签署自由贸易协定（RCEP）。在这些区域组织和双边协定中中国展现了尊重他国的谦逊礼让，真诚合作的精神。

四、"智"的基本内涵

（一）儒家和道家关于"智"的论述

"智"，即智慧。社会关系非常复杂，人的思想和行为方式多种多样。有仁德的人必须有智慧，才能在社会中站得住脚；有智慧的人处理问题足智多谋、智勇双全，才能识破各种陷阱和阴谋，进行自我保护。《易经》和儒家、道家关于智慧的论述归纳起来有以下几方面内容。

1. 知人者智，自知者明

老子的《道德经》曰："知人者智，自知者明。胜人者有力，自胜者强。知足者富，强行者有志。不失其所者久。死而不亡者寿。"❶ 意思是说，能认识别人叫作明智，能认识自己才是聪明。能战胜别人叫作有力量，能克服自己的弱点才是刚强。知道满足的就是富有，坚持力行的就是有志。不迷失根基的就能长久，身死而"道"犹存的就是永垂不朽。在老

---

❶ 老子. 道德经［M］. 徐澍，刘浩，注译. 合肥：安徽人民出版社，1990：93－94.

子看来，一个人知晓别人、战胜别人并不伟大，有自知之明，知道自己的弱点，克服自己的弱点，战胜自己的私心杂念，一心为民的人才是有大智慧的圣贤之人。这样的人虽死犹生，万古长存。做人不要把自己看得太重，但也别妄自菲薄，想要得到尊重，首先必须自重。

2. 以柔克刚，刚柔并济

老子的《道德经》讲了许多"以柔克刚""柔弱胜刚强"的道理。他说，"天下之至柔，驰骋天下之至坚。无有入无间……""天下莫柔弱于水，而攻坚强者莫之能胜，以其无以易之。""将欲歙之，必固张之；将欲弱之，必固强之；将欲废之，必固兴之；将欲取之，必固与之。是谓微明。柔弱胜刚强。"❶ 意思是说，天下最柔软的东西，能够在天下最坚强的东西里穿来穿去。无形的力量能够穿透没有空隙的有形之物。天下没有比水更柔弱的，但冲击坚强的东西，没有能胜过水的，因为没有什么能代替它。对于自己的对手，将要收敛它，必须暂时让它扩张；将要削弱它，必须暂且增强它；将要废弃它，必须暂且抬举它；要想得到他的东西，必须暂时给他一些东西。这就是柔弱战胜刚强的智慧。老子的这些思想与《孙子兵法》所说的"欲擒故纵"策略具有异曲同工之意。关于自卫用兵，老子还说："善为士者，不武；善战者，不怒；善胜敌者，不与；善用人者，为之下。是谓不争之德，是谓用人之力，是谓配天古之极。"❷ 意思是说，善于作将帅的人，不妄逞勇武；善于作战的人，不轻易被人激怒；善于战胜敌人的人，不会与敌人正面打硬拼；善于用人的人，态度谦下。这叫作"不争之德"，这叫作运用别人的长处和能力，这叫作符合自然法则。

对于那种想用强力、武力、暴力征服天下的行为，老子是坚决反对的。他说："将欲取天下而为之，吾见其不得已。天下神器，不可为也，

---

❶ 老子. 道德经 [M]. 徐澍，刘浩，注译. 合肥：安徽人民出版社，1990：121，214，100.

❷ 老子. 道德经 [M]. 徐澍，刘浩，注译. 合肥：安徽人民出版社，1990：189.

不可执也。为者败之，执者失之。"❶ 意思是说，想要治理天下却用强力去做，是不可能达到目的的。天下神圣的人民，是不可以违反他们的本性而用强力统治的，也是不可以违反他们的本性而用强力掌握的。用强力统治一定会失败，用强力掌握必然会被抛弃。

3. 有理有节，适可而止

天地有所节制，才能够形成四季的变化，做人做事也要有所节制。老子的《道德经》讲了许多做事有理、有智、有节，恰到好处，适可而止的道理和智慧。他说："持而盈之，不如其已；揣而锐之，不可长保。金玉满堂，莫之能守。富贵而骄，自遗其咎。功成身退，天之道也。""曲则全，枉则直，洼则盈，敝则新，少则得，多则惑。是以圣人抱一为天下式；不自见，故明；不自是，故彰；不自伐，故有功；不自矜，故长。夫唯不争，故天下莫能与之争。""为无为，事无事。"❷ 意思是说，执持盈满，不如适可而止。尖利锋芒，难保长久。金玉满堂，无法守藏；富贵而骄，自取祸殃。功成身退，符合自然规律。委曲反能保全，曲弯反能伸直，低洼反能充盈，敝旧反能生新，少取反能多得，贪多反而迷惑。"圣人"坚守这一原则作为天下范式。不自我显扬，反能彰明；不自以为是，反能是非昭彰；不自我夸耀，反能见工；不自高自大，反能显出长处。正因为不争，所以天下没有人与他争。要以无为的态度去有所作为，以不滋事的方法去处理事物。这样才能泰然自若应对各种矛盾。

君子要常思"不出其位"，要"知其所止"，要守本分，不要越位，在哪个位置就做哪个位置的事，知道自己该做什么，不该做什么，不越矩。很多时候人的福与祸就在于能否谨守本分，"出位"了就容易招致灾祸。

---

❶ 老子. 道德经 [M]. 徐澍，刘浩，注译. 合肥：安徽人民出版社，1990：81－82.
❷ 老子. 道德经 [M]. 徐澍，刘浩，注译. 合肥：安徽人民出版社，1990：22－23，62－63，175.

太聪明的人如果不收敛，就容易招致灾祸。强大的国家如果不"知其所止"而登峰造极，欺负他国，称霸世界，就会招致灾祸而走向衰败。

《易经》第六卦讼卦集中讲了争讼问题，认为无讼最好，息讼次之，争讼到底最坏，即便胜了也为人唾弃。《象传》提出了"君子做事谋略"的命题，希望君子一开始就钝化矛盾，从根本上杜绝争讼。讼卦的卦辞曰："讼：有孚，窒惕，中吉。终凶。利见大人，不利涉大川。"意思是说，"《讼》卦象征争讼，心存诚信但情理难伸也应小心谨慎，中途停讼会有吉祥。争讼到底就是失败。利于见到大人，不利于渡过大河大江。"❶ 讼卦虽然讲的是打官司之类的争讼，但也可以引申到国与国之间的矛盾冲突。《易经》讼卦启示人们，当国家之间出现矛盾冲突时，要尽可能地运用协调、平衡、沟通、谈判等手段大事化小，小事化了。实在解决不了才进行合理的斗争，即便斗争，也要争取中途和解。如果一方并非正义而非要斗争到底，打败对方，即使暂时赢了实际上也是失败。因为这样的国家在国际社会树立了好勇斗狠、惹是生非、置人于死地的恶劣形象，终将为世界各国所唾弃。所以，斗争要有理、有智、有节，给对方留有余地。《易经》第五十二卦艮卦讲了有理有节、适可而止的道理。强调要抑止邪欲、贪欲和妄动；要止于正道，止于至善，止于本分；说话有分寸、有条理，讲必当理，行止以时。该行动的时候就行动，该停止的时候就稳重扎实地停止。❷《中庸》告诫人们："喜怒哀乐之未发谓之中，发而皆中节谓之和。中也者，天下之大本也；和也者，天下之达道也。致中和，天地位焉，万物育焉。"❸

孔子告诫人们做事情既要细致又要有雅量，在小事上要忍耐。与人交友要有智有节，结交有益之人，远离有害之人。《论语》曰："巧言乱德，

---

❶ 易经［M］. 徐澍，张新旭，译注. 合肥：安徽人民出版社，1992：44.
❷ 易经［M］. 徐澍，张新旭，译注. 合肥：安徽人民出版社，1992：288 - 292.
❸ 大学中庸译注［M］. 王文锦，译注. 北京：中华书局，2008：14 - 15.

小不忍，则乱大谋。""益者三友，损者三友。友直，友谅，友多闻，益矣。友便辟，友善柔，友便佞，损矣。"意思是说，花言巧语可以败坏人的美德。在小事情上不容忍，就会败坏大事情；有益之人有三种，有害之人也有三种。与正直、诚实、见闻知识广博的人交朋友，是有好处的。而与虚伪做作、谄媚奉迎、巧嘴利舌的人交朋友，是有害的。

4. 常善救人，常善救物

老子的《道德经》曰："天之道，损有余而补不足。人之道，则不然，损不足以奉有余。孰能有馀以奉天下？唯有道者。是以圣人为而不恃，功成而不处，其不欲见贤。""善行，无辙迹；善言，无瑕谪；善数，不用筹策；善闭，无关楗而不可开；善结，无绳约而不可解。是以圣人常善救人，故无弃人；常善救物，故无弃物。是谓袭明。"❶ 意思是说，自然的规律，是减少有余，用来补给不足。但人类社会则不然，人类社会却要剥夺不足，以供奉有余的人。谁能把有余拿来供给天下不足的人呢？只有那些有"道"的人才能做到。因此，有"道"的人做成事情而不自恃己能，有所成就而不居功自傲，并不想向人表现自己的聪明才智。有智慧的人善于走路，不留痕迹；善于说话，无可指摘；善于计算，不用筹码；善于关闭，不用栓梢却使人不能开；善于捆缚，不用绳索却使人不能解。因此圣人总是善于挽救人，所以没有被遗弃的人；总是善于拯救物，所以没有被遗弃的物。这就是内藏着的聪明智慧。

可见，老子和孔子眼里的大智慧是济世安民，知人善任，自知之明，坚守道德，知足常乐。这种大智慧与世俗小人为一己私利而精心谋算、耍小聪明祸害他人是完全不同的。

---

❶ 老子. 道德经 [M]. 徐澍，刘浩，注译. 合肥：安徽人民出版社，1990：210－211，75－76.

（二）"智"的现实运用与体现

"智"在新中国对外关系中有充分的体现。

1949年中华人民共和国成立后，周恩来总理为了打开对外交往的大门，在对外关系领域充分施展才能和智慧，以柔克刚得到了充分的体现。1955年4月，万隆亚非会议召开。有29个国家应邀参会，其中心议题是反对殖民主义。万隆亚非会议参会的大多是"二战"以后实现民族独立的国家。他们既想发展本国经济，也想在国际上享有平等的地位。这些诉求和愿望与中国是有共同语言的，在1953年年底的中印谈判中，周恩来提出的和平共处五项原则已写入双方协议，倡导国家之间一律平等，以协商的方式解决争端，互不干涉别国内政，和平相处。但实际情况却复杂得多。参会的29个国家中，有22个没有同新中国建交，甚至没打过交道，有一些还同蒋介石一方保持外交关系。不少国家对新中国缺乏了解，心存疑惧，有的受美国影响对新中国持敌视态度。而美国等西方势力，对于约占世界上一半人口的这些国家"聚众抱团"，合伙讨论如何反对殖民主义，同样心存疑惧。他们想尽办法破坏会议。会议开幕的当天，各种争吵就出现了。下午，大会正式发言开始，多数代表纷纷表示，希望会议有助于世界和平及消除殖民主义等等。然而，发言的最后一位代表，却对共产主义进行了攻击，称共产主义是一种"颠覆性的宗教"，"在阶级和民族之间培育仇恨"，已创造了一种"新形式的殖民主义"。"地球上没有哪个国家不被他们的活动和颠覆活动所触动。""非共产党世界每个国家的领导人都要认真对待共产主义危险的严重性。"这个带着明显敌视和挑衅意味的发言，使得会场的气氛陡然紧张起来，人们都把目光投向了周恩来。却见他正在神情泰然、轻松自在地专心记笔记。第二天上午继续发言。预定发言的第一个就是中国代表，但周恩来却表示放弃。然后，他继续坐在那里平静地听着各国代表们的发言。当天发言的代表更多了，绝大多数都提到对和平与友好的愿望和对殖民主义的憎恨。但到会议快结束的时候，又出现了猛烈抨击共产主义的声音。此时，发言国家已经过半，但还没有听到中国的声音，会议的气氛又一次紧张起来。

这时，周恩来突然奋笔疾书起来。这次他不是做笔记了，而是迅速起草了一份约2000字的发言提纲。上午散会后，他找到翻译浦寿昌，说原来的发言稿改成书面发言散发，他要另外做一个补充发言。于是由他口授，浦寿昌记录，写完一张纸，就撕下来递给另一位同志立马翻译，用了一个半小时紧张搞定。下午的会议很快就开始了。又有三位代表发言，其中有人干脆直接点名指责中国。此时，大会发言的国家已有20个，未发言的国家已不多了。大会主席宣布："我现在请中华人民共和国的代表发言。"话音一落，会场爆发出暴风雨般的掌声。此时可谓座无虚席，据说过道里都挤满了人，无数镁光灯和相机动了起来，全世界都在看周恩来怎么反应。周恩来从容地踏上讲台开讲了：中国代表团是来求同而不是来立异的。在我们中间有无求同的基础呢？有的。那就是亚非绝大多数国家和人民自近代以来都曾经受过并且现在仍在受着殖民主义所造成的灾难和痛苦。这是我们大家都承认的。从解除殖民主义痛苦和灾难中寻找共同基础，我们就很容易互相了解和尊重、互相同情和支持，而不是互相疑虑和恐惧、互相排斥和对立。我们的会议应该求同而存异。我们并不要求各人放弃自己的见解，因为这是实际存在的反映。但是不应该使它妨碍我们在主要问题上达成共同的协议。我们还应在共同的基础上来互相了解和重视彼此的不同见解。当时有人针对中国主要提出三个问题：不同的思想意识和社会制度问题，有无宗教信仰自由的问题，所谓颠覆活动的问题。周恩来毫不回避地直接就这三个问题阐明了中国的主张和政策。他说：大家如果不信，可亲自或派人到中国去看。我们是容许不知真相的人怀疑的。中国俗话说："百闻不如一见。"我们欢迎所有到会的各国代表到中国去参观，你们什么时候去都可以。全场的人屏着呼吸听着他的演讲。最后，他大声说：全世界愿意和平的国家和人民期待着我们的会议能为扩大和平区域和建立集体和平有所贡献。让我们亚非国家团结起来，为亚非会议的成功努力吧！他一讲完，全场立刻爆发出长时间的热烈掌声，气氛陡然反转了。周恩来在后来的几天里，继续为万隆会议制造"高潮"。最后一天，在周恩来"求同存异"的主张和智慧的推动下，经过激烈而艰难的长时间争论，终于在最后一刻达成共识，通过会议公报，其最后一部分就是影响深远的关于促进世界和平与合作的万隆亚非会议十点宣言，史称"万隆精神"。

在万隆会议短短七天会期中，周恩来以他真诚的态度、出色的外交才华征服了与会者，为新中国大大提高了声望，增加了吸引力。会后，来华访问的外国人激增。到了1959年年底，和中国建交的国家增加了11个。它们无一例外都是亚非国家。❶

邓小平在对外交往中则体现了果断坚强、刚柔并济的智慧。1982年9月，邓小平与英国首相撒切尔夫人就收回香港问题会谈，英国首相撒切尔夫人在谈判刚开始时盛气凌人，表示可以把香港的主权还给中国，但管理权还是英国的，她的意思是，"如果离开英国的管理，香港就乱了"。邓小平同志不慌不忙，但口气异常坚决，从开始就表达了"主权问题不容谈判"的态度。就在撒切尔还在不停地说，甚至以"考虑非和平的方式保留香港"相威胁的时候，小平同志突然又讲了一句话，让撒切尔脸色都变了，"中国人穷是穷了一点，但打仗是不怕死的！"撒切尔夫人愣了很长一段时间。退场的时候，神情还有点恍惚，在人民大会堂台阶上跌了一跤。❷

1989年春夏之交的政治风波之后，我国遭到美国及西方国家的制裁。面对严峻的国际环境，1989年7月1日，一架经过伪装的"不明国籍"运

---

❶ 李琦. 一份临时赶出来的发言［EB/OL］. (2019 - 07 - 24)［2022 - 06 - 05］. https：//weibo. com/ttarticle/p/show？ id = 2309404397473329184952.

❷ 张祥. 邓小平香港问题谈判"吓倒"撒切尔 称打仗不怕死［EB/OL］. (2015 - 09 - 18)［2022 - 06 - 05］. http：//culture. people. com. cn/n/2015/0918/c22219 - 27603483. html.

输机降落在首都机场，从飞机走下来的是美国国家安全事务助理斯考克罗夫特，他作为布什总统特使秘密访华。邓小平在会见他时指出："我要明确告诉阁下，中国的内政决不允许任何人加以干涉。不管后果如何，中国都不会让步。"明确表达了中国的坚定立场。● 1989 年至 1990 年间，邓小平在同中央负责同志的几次谈话中，反复阐述了看待国际形势、处理对外关系的重要方针：冷静观察、稳住阵脚、沉着应付、韬光养晦、有所作为。❷ 他告诫说，西方国家向中国施压，根本点就是要中国放弃社会主义。对这股逆流要旗帜鲜明地坚决顶住。一是"绝不能示弱"，二是"泰然处之，不受他们挑动"。当时中国刚开始改革开放，以经济建设为中心，进行社会主义现代化建设，需要一个稳定的国内环境，也需要一个和平的国际环境。在那段艰难的日子里，中国紧密团结发展中国家，广大发展中国家坚定地站在中国一边，政治上给予中国极大的支持。从 1990 年至 1992 年，短短三年，中国睦邻外交取得丰硕成果。中国同印度尼西亚恢复外交关系，同越南关系实现正常化，同印度关系有了很大改善，还同 22 个国家建立外交关系。这个数字甚至超过新中国成立初期的第一次建交高潮。可见，邓小平提出的"韬光养晦，有所作为"相对柔性的外交方针为中国走出国际困境指明了方向，显示了高超的政治智慧。

五、"信"的基本内涵

（一）儒家和道家关于"信"的论述

信是指为人做事要讲信用，诚实守信。"诚信"是中华传统文化特别

● 李忠发，詹奕嘉. 放眼世界揽风云——记我国跨世纪全方位外交格局 ［EB/OL］. （2011 - 06 - 22）［2022 - 06 - 09］. https:// www. gov. cn/jrzg/2011 - 06/22/content_1889877. htm.

❷ 高屹. 邓小平新时期的外交战略思想述论 ［J］. 党的文献，1996（2）：13 - 20.

重视的一种道德品质，也是做人要遵守的底线。《易经》等经典著作有许多关于"信"的论述，归纳起来有以下几点。

1. 信近于义

《易经》第八卦比卦讲了如何亲近团结他人的道理。其中，诚信是首要的品质。比卦曰："初六，有孚，比之，无咎。有孚，盈缶，终来有它吉。"意思是说，初六，内心真诚自信，相互亲近，自然无过。诚信之极，如同美酒溢出瓶外，会有意外的吉祥。❶ 这一爻辞启示我们，一个国家要团结他国，必须真诚地对待他国。国家之间相互诚信才会得到好的结果。

孔子曰："信近于义，言可复也。""言忠信，行笃敬。""主忠信，徒义，崇德也。""其言之不怍，则为之也难。""君子耻其言而过其行。""人而无信，不知其可也。"❷ 意思是说与人有信约，符合了义，说的话才有可能实现；君子说话忠实守信，做事忠厚踏实；如果以忠诚守信为宗旨，追随和服从于义，就可以提高品德；一个人说起话来大言不惭，做起事来就不容易了；君子以夸大其词、言过其实为耻；一个人如果不讲信用，真不知道他怎么处世。所以，任何人要办成任何事，都离不开"言之有物，行之有恒"。

《易经》系辞上传曰："天之所助者，顺也。人之所助者，信也。履信思乎顺，又以尚贤也。是以'自天佑之，吉无不利'也。"❸ 意思是说，上天扶助的是顺从客观规律的人，人扶助的是恪守信用的人。恪守信用，牢记顺理而又能尊重贤人，所以能得到上天的扶助，吉祥而无不利。儒家经典《中庸》也指出："诚者，天之道也，诚之者，人之道也。"意思是说，诚信是自然的规律，追求诚信是做人的法则。所以，一个人如果言行如

---

❶ 易经［M］. 徐澍，张新旭，译注. 合肥：安徽人民出版社，1992：55.
❷ 论语［M］. 程昌明，译注. 沈阳：辽宁民族出版社，1996：7，171，133，161，163，18.
❸ 易经［M］. 徐澍，张新旭，译注. 合肥：安徽人民出版社，1992：376.

一，信誉很高，别人就会愿意帮他，小信得小助，大信得大助。人们都不喜欢和虚伪欺诈的人交往，仅靠利益关系得到的帮助不能长久。正如《中庸》所云："诚者物之终始，不诚无物，是故君子诚之为贵。""唯天下至诚为能经纶天下之大经，立天下之大本，知天地之化育。""诚者，天之道也。诚之者，人之道也。"❶

孔子倡导的诚信在中国历史上影响很大，不仅有儒生文人信奉，而且有许多经商之人也十分信奉。中国历史上有许多以诚实守信而著称于世的儒商，他们经营的企业代代相传，成为百年不倒的"老字号"。如明朝中期开设的六必居酱菜场，清朝康熙年间开设的同仁堂药店等。1991 年中华人民共和国国内贸易部举办行业认定，有 1600 余家老牌企业以其产品品质优良、誉满天下而被授牌"中华老字号"。

2. 上好信，则民莫敢不用情

《易经》第六十一卦中孚卦讲了诚信与治理国家的关系。强调无私而诚实，有主见而不失信，诚信可以感化人心治理国家。上面内心诚信、谦逊而又遵循社会规范，下面高兴而又信服，这样，上行下效，上正下也正。诚信就能净化人心，转变社会风气。诚信无私可以成就大事业。❷

孔子曰："上好义，则民莫敢不服；上好信，则民莫敢不用情。""其身正，不令而行；其在不正，虽令不从。"❸ 意思是说，当权者要是讲究道义，那么百姓就没有人敢不驯服；当权者要是讲求信实，那么百姓就没有人敢不讲真话；当权者本身品行端正，即使不下命令，百姓也会执行；当权者本身行为不正，即使下命令，百姓也不会服从。可见，孔子不仅倡导老百姓诚实守信，而且呼吁国家领导人和各级官员要带头守信，对百姓讲诚信。

---

❶ 大学中庸译注 [M]. 王文锦，译注. 北京：中华书局，2008：31，37，29.
❷ 易经 [M]. 徐澍，张新旭，译注. 合肥：安徽人民出版社，1992：335 – 336.
❸ 论语 [M]. 程昌明，译注. 沈阳：辽宁民族出版社，1996：142.

老子在《道德经》中也倡导国家领导者讲道德、讲诚信。他说："故从事于道者同于道，德者同于德，失者同于失。同于道者，道亦乐得之；同于德者，德亦乐得之；同于失者，失亦乐得之。信不足焉，有不信焉！"❶ 意思是说，国家领导者从事于"道"的就同于"道"，从事于"德"的就同于"德"，失"道"失"德"的也就同于失"政"。领导者诚信不足，百姓自然就不信任他。

（二）"信"的现实运用和体现

"信"在中国对外关系中有诸多体现。从 1980 年到 2003 年，世界银行为中国 245 个项目提供了大约 366 亿美元的贷款，中方对每一笔贷款都按时还贷，从未拖欠。被世界银行评为"最佳贷款者"，最大和信誉最好的客户。

1971 年 11 月 15 日中华人民共和国进入联合国，作为最大的发展中国家，安理会常任理事国，中国自 2016 年开始成为联合国第二大维和摊款国，2019 年成为第二大会费国。中国一直按照《联合国宪章》规定，及时、足额、无条件向联合国缴纳会费与维和摊款。

截至 2021 年 10 月，中国是联合国安理会常任理事国第一大维和出兵国、第二大维和摊款国。自 1991 年以来，中国军队先后参加了 25 项联合国维和行动，累计派出维和官兵近 5 万人次。❷

中国积极履行国际人权条约义务，落实公民的经济、社会、文化权利和发展权。坚持民生优先，解决了 13 亿人口的温饱问题，率先实现了联合国千年发展贫困人口减半目标，为 7.7 亿人口提供就业，实现 9 年义务教育全覆盖，关爱 2.6 亿进城务工人员、8500 万残疾人和 6500 万农村留守儿童。❸

---

❶　老子. 道德经［M］. 徐澍，刘浩，注译. 合肥：安徽人民出版社，1990：66.
❷　国防部：中国军队累计派出维和官兵近 5 万人次［N/OL］.（2021 - 10 - 28）［2022 - 11 - 19］. https：//baijiahao. baidu. com/s？ id = 1714877297943874510&wfr = spider&for = pc.
❸　何农. 中国积极践行国际人权条约义务［N/OL］.（2016 - 03 - 03）［2022 - 06 - 05］. http：//world. chinadaily. com. cn/guoji/2016 - 03/03/content_23717915. htm.

总之，传统和谐思想的核心价值观仁、义、礼、智、信在中国对外关系中有明显的体现，彰显了中华优秀传统文化对国家外交政策的影响力。所以，在百年未有之大变局的时代，在大国关系紧张加剧的形势下，弘扬中华传统和谐思想对解决国际社会的矛盾冲突，对世界各国的和平与发展具有极为重要的现实意义和深远的历史意义。

六、和谐思想核心价值观与马克思主义核心价值观之异同

中华传统和谐思想核心价值观是仁、义、礼、智、信，马克思主义核心价值观是实现人的自由、解放与全面发展。❶ 这两种核心价值观既有不同点也有相通点。

（一）不同点

1. 产生的时代不同

中华传统和谐思想产生于两千多年前的农耕文明社会，在春秋战国诸侯割据的战乱时期，面对连绵不断的战争和民不聊生的现实，中国古圣先贤探索"天道""地道"和"人道"，从"道"和"德"的维度论述人类生存发展的规律，他们所关注的是农耕社会老百姓的民生和民本。

马克思主义理论产生于19世纪上半期欧洲革命运动和民族解放运动风起云涌，封建君主制度遭受重创时期，在近代工业革命和资本主义生产关系迅猛发展的翻天覆地的变革时期，马克思主义创始人所关注的是无产阶级的自由解放和未来全人类的解放。

---

❶ 关于马克思主义核心价值观的界定和论述详见本人发表在《当代世界与社会主义》2004年第2期的论文《对马克思主义的核心价值观的新认识》。

2. 价值观侧重点不同

中华传统和谐思想所倡导的核心价值观是仁、义、礼、智、信。中国古圣先贤从"天道""地道""人道"等自然规律和社会规律出发，强调"天、地、人和谐"，从"道"与"德"二位一体出发，从人的本性出发，阐释仁、义、礼、智、信的含义，这些价值观不仅为绝大多数中国老百姓所认同，而且长期传承，至今仍然是中国老百姓判断是非的标尺。

马克思主义唯物辩证法和唯物史观发现了人类社会发展规律即生产方式矛盾运动规律，预见了社会主义社会代替资本主义社会必然趋势和未来的共产主义社会，其核心价值观是实现人的自由、解放和全面发展。

马克思主义核心价值观所说的"自由"指的是社会自由和哲学层次上的自由。社会自由指的是人类不断摆脱各种枷锁，使人在体力和智力方面获得自由发展。随着生产力的高度发展，人们将有越来越多的自由时间在自己所感兴趣的领域里发展。在社会自由中每一个人的自由是所有人自由的条件，也就是说当个体的人有自由时才会有全体人的自由。哲学层次上的自由是指人类对自然规律和社会规律认识的加深。人类对自然规律和社会规律认识得越彻底，自由的程度就越高。马克思、恩格斯所说的"解放"是指工人阶级和全人类不断摆脱异化劳动和人的异化而走向自由的历史过程。"人的全面发展"则是指人不断摆脱旧的分工的限制，摆脱片面和畸形的发展状态而逐渐获得全面发展。❶

3. 理想社会的基础理论不同

中华传统和谐思想核心价值观建立在中国古圣先贤所发现的太极阴阳运动变化的自然规律基础之上。和谐思想核心价值观仁、义、礼、智、信

---

❶ 张利华. 对马克思主义的核心价值观的新认识［J］. 当代世界与社会主义，2004（2）：51–54.

也是儒学伦理道德观念。儒家学说的理想社会是"天下为公，世界大同"，❶ 这种以人与自然和谐、人与社会和谐、人与人和谐、自我身心和谐为根本宗旨的理想社会与马克思主义以实现人的自由、解放、全面发展为宗旨的共产主义理想社会有所不同，其实现理想目标的路径也有很大的不同。

生活在 19 世纪欧洲由封建社会向资本主义社会转变时期的马克思运用生产方式矛盾运动规律分析人类社会的产生、发展和未来走向，认为人类社会经历原始社会、奴隶制社会、封建制社会、资本主义社会、社会主义社会，最终走向共产主义社会。其理想社会的目标是真正实现了人的自由、解放、全面发展的共产主义社会。社会基于矛盾是社会发展的根本动力，阶级斗争是阶级社会发展的直接动力。

（二）相同点

1. 都有人文关怀

中华传统和谐思想核心价值观仁、义、礼、智、信从倡导人性善出发，阐发了仁爱、正义、礼仪、智慧、诚信等一系列伦理道德观念，提倡人与自然和谐、人与社会和谐、人与人和谐、自我身心和谐，充分展现了跨越社会形态的人文关怀。

马克思主义的理论体系始终贯穿着一个核心，即"实现人的自由、解放和全面发展"。马克思认为，无产阶级只有解放全人类，才能最后解放自己。马克思将无产阶级的解放扩展至全人类的解放，在深刻揭示阶级社会的阶级斗争基础上，充分展现了对无产阶级和劳动人民的人文关怀。

---

❶ 《礼记》礼运篇曰："大道之行也，天下为公。选贤与能，讲信修睦。故人不独亲其亲，不独子其子……是故谋闭而不兴，盗窃乱贼而不作，故外户而不闭，是谓大同。"

2. 都以人民为根本

中华传统和谐思想核心价值观仁、义、礼、智、信，主张国家领导者以民为本，把人民的利益放在首位，仁义天下，诚信天下。正所谓"民惟邦本，本固邦宁""民为本，社稷次之，君为轻"。倡导以人民为根本的理念。

马克思主义认为，"被剥削被压迫的阶级（无产阶级），如果不同时使整个社会一劳永逸地摆脱一切剥削、压迫以及阶级差别和阶级斗争，就不能使自己从进行剥削和统治的那个阶级（资产阶级）的奴役下解放出来。"❶ 马克思主义主张实现无产阶级和劳动人民解放，实现人的自由和全面发展，充分体现了以无产阶级及劳动人民为根本的理念。

3. 都建立在对客观规律认识的基础上

中华传统和谐思想的核心价值观仁、义、礼、智、信建立在中国古圣先贤所发现的自然规律基础之上。笔者认为，太极哲学发现了宇宙起源、发展与演变的客观规律，以整体观、阴阳观、变易观、不易观、和谐观认识世界；阴阳辩证法发现了阴阳五行的客观规律，用阴阳相生、阴阳相克、阴阳消长、阴阳互补、阴阳互根、运用互渗、阴阳互转、阴阳平衡的基本定律认识世界和解决问题；和谐思想核心价值观建立在"天道""地道""人道"等客观规律基础上，所倡导的仁、义、礼、智、信建构了社会伦理道德规则，成为绝大多数中国老百姓认同而世代相传的文化价值观。

马克思运用唯物史观观察人类社会，指出人类社会要经历三种社会形态和五种生产关系，"人的依赖关系（起初完全是自然发生的），是最初的

---

❶ 马克思恩格斯选集：第一卷［M］. 北京：人民出版社，2012：385.

社会形式，在这种形式下，人的生产能力只是在狭小的范围内和孤立的地点上发展着。以物的依赖性为基础的人的独立性是第二大形式，在这种形式下，才形成普遍的社会物质变换、全面的关系、多方面的需要以及全面的能力的体系。建立在个人全面发展和他们共同的社会生产能力成为从属于他们的社会财富这一基础上的自由个性，是第三个阶段。第二个阶段为第三个阶段创造条件。"❶ 马克思所说的第三阶段就是未来的共产主义社会。马克思主义核心价值观实现人的自由、解放和全面发展以及未来共产主义社会的理想目标也是建立在对社会发展规律认识的基础上的。

4. 都属于先进的文化价值观

从价值观的性质来看，中华传统和谐思想核心价值观与马克思主义核心价值观都是先进的文化价值观。

什么是文化价值观？"文化价值观是指一些国家或地区绝大多数人认同并长期传承的价值观。文化价值观的构成有两个要素：其一，被一些国家或地区绝大多数人所认同，其二，长期传承而持久不衰。这些被普遍认同的价值观由于植根于国家或地区的物质文化和精神文化的土壤之中，所以被称之为文化价值观。"❷

什么样的价值观具有先进性？先进价值观具有四个基本属性：第一，符合人的本质属性，即人的社会性、劳动创造性、思维理性和自主选择性；第二，符合生产力发展要求，即一定生产方式中的劳动人民的根本利益需求；第三，为一定的区域或国家大多数人民群众所认同和信奉；第四，在社会历史发展中长期存在并发挥了积极的作用。中国传统和谐思想核心价值观与马克思主义核心价值观都具备了这四个方面的基本属性。

和谐思想的核心价值观所倡导的"仁""义""信"符合人的社会性

---

❶ 马克思恩格斯全集：第30卷 [M]. 北京：人民出版社，1995：107-108.
❷ 张利华. 论文化价值观的两重性 [J]. 当代世界与社会主义，2015（1）：97.

和一定生产方式中劳动人民的根本利益需求，起着规范社会道德伦理的作用；其所倡导的"智"起着促进人的劳动创造性、思维理性和自主选择性的作用；其所倡导的"礼"则建构了与当时生产力发展相适应的社会礼仪典章和法律制度，符合人的社会性和生产力发展要求。所以，和谐思想核心价值观能够为中国古代、近代直至今天广大人民群众所信奉且历久不衰，具有先进文化价值观的属性。

马克思主义核心价值观主张实现人的自由、解放和全面发展。自由符合人的本质属性即社会性、劳动创造性、思维理性、自主选择性；解放符合生产力发展要求即一定生产方式中的劳动人民要求摆脱剥削压迫的根本利益需求；全面发展则符合生产力极大发展、社会财富极大丰富条件下的人的自主选择需求。所以，马克思主义诞生后在世界各大洲广泛传播，为欧洲许多国家的无产阶级所认同，也为当代世界社会主义国家人民群众所认同。而中国化的马克思主义则成为中国共产党的指导思想之一，在中国社会主义现代化建设进程中发挥了积极的作用。

中国共产党第十八次全国代表大会倡导的社会主义核心价值观"富强、民主、文明、和谐、自由、平等、公正、法治、爱国、敬业、诚信、友善"就是中华传统和谐思想核心价值观与马克思主义核心价值观在新时代融会贯通的结晶。富强、民主、自由、平等、公正、法治是马克思主义基本原理与中华传统和谐思想核心价值观融通的体现；文明、和谐、爱国、敬业、诚信、友善是中华传统和谐思想核心价值观在新时代的转换。所以，中国社会主义核心价值观是中华传统和谐思想核心价值观与马克思主义核心价值观的融会贯通。

习近平总书记在中国共产党第十九次全国代表大会上的报告指出：社会主义核心价值观是当代中国精神的集中体现，凝结着全体人民共同的价值追求。把社会主义核心价值观融入社会发展各方面，转化为人们的情感认同和行为习惯。深入挖掘中华优秀传统文化蕴含的思想观念、人文精神、道德规范，结合时代要求继承创新，让中华文化展现出永久魅力和时代风采。中国特色社会主义文化，源自于中华民族五千多年文明历史所孕育的中华优秀传统文化，熔铸于党领导人民在革命、建设、改革中创造的革命文化和社会主义先进文化，植根于中国特色社会主义伟大实践。❶习近平总书记在中国共产党第二十次全国代表大会上的报告指出："中华优秀传统文化源远流长、博大精深，是中华文明的智慧结晶，其中蕴含的天下为公、民为邦本、为政以德、革故鼎新、任人唯贤、天人合一、自强不息、厚德载物、讲信修睦、亲仁善邻等，是中国人民在长期生产生活中积累的宇宙观、天下观、社会观、道德观的重要体现，同社会主义核心价值观主张具有高度契合性。我们必须坚定历史自信、文化自信，坚持古为今用、推陈出新，把马克思主义思想精髓同中华优秀传统文化精华贯通起来、同人民群众日用而不觉的共同价值观念融通起来，不断赋予科学理论鲜明的中国特色，不断夯实马克思主义中国化时代化的历史基础和群众基础，让马克思主义在中国牢牢扎根。"❷

中华传统和谐思想是中国文化宝库中的一块瑰宝。和谐思想与马克思主义理论相融通，强强结合，将会绽放出更加灿烂的光芒，指引人类走向和平与和谐的康庄大道！

---

❶ 习近平. 决胜全面建成小康社会，夺取新时代中国特色社会主义伟大胜利——在中国共产党第十九次全国代表大会上的报告［EB/OL］.（2017－10－27）［2022－10－19］. http：//www. gov. cn/zhuanti/2017－10/27/content_5234876. htm.

❷ 习近平. 高举中国特色社会主义伟大旗帜为全面建设社会主义现代化国家而团结奋斗——在中国共产党第二十次全国代表大会上的报告［N/OL］.（2022－10－25）［2022－11－19］. http：//www. gov. cn/xinwen/2022－10/25/content_5721685. htm.

第六章 结论与启示

一、研究发现

本书对中华传统和谐思想进行了系统性的研究，和谐思想体系包括太极哲学世界观、阴阳辩证法方法论与核心价值观。笔者从中国古代经典著作《易经》《道德经》《黄帝内经》《论语》《礼记》等书籍及相关文献中提炼出了和谐思想的世界观、方法论与核心价值观，包括：太极哲学基本原理即整体观、阴阳观、变易观、不易观与和谐观；阴阳辩证法基本定律即阴阳相生，阴阳相克，阴阳消长，阴阳互根，阴阳互补，阴阳互渗，阴阳互转，阴阳平衡；核心价值观即仁、义、礼、智、信。

太极哲学整体观基本内涵包括：宇宙创生于"道"，"道生一，一生二，二生三，三生万物。万物负阴而抱阳，冲气以为和"。太极生阴阳，阴阳运动化生万物。宇宙是一个动态整体，整体与部分的依存关系是万事万物的相互依存关系。宇宙动态整体存在无限的多种多样的事物。整体观要求人们观察分析问题要有整体思维，认识事物的整体和内部各个组成部分的关系及其变化，从各个部分的复杂关系中找出主要矛盾、次要矛盾和解决问题的思路与方法。

太极哲学阴阳观的基本内涵包括：宇宙起源于太极阴阳的运动变化，阴阳运动变化创生万物，事物的阴阳关系既有互相对立、矛盾、冲突的一面，又有互相协调、平衡、和谐的一面。阴与阳呈现出相生、相克、消长、互根、互补、互渗、互转、平衡等多重变化关系。阴阳关系与矛盾关系有很大的不同。矛盾对立统一强调在一个统一体内不同事物互相排斥、对立、斗争，通过对立统一规律、否定之否定规律、质量互变规律等运动方式推动事物的发展。阴阳观认为差异不等于矛盾，差异在一定条件下可能发展成矛盾，但在一定条件下可能成为新事物产生的基础。用太极哲学阴阳观分析问题，既要看到事物一体两面的阴阳关系，又要看到阴阳关系的多重运动变化，要从阴阳多重变化视角全方位、多层次地分析问题。

太极哲学变易观的基本内涵包括：宇宙万物处在永恒的变易之中，万事万物时刻处在运动变化之中，要因地制宜，因时制宜。具体问题具体对待，要大处着眼，小处着手。既要有正向思维，又要有反向思维。不仅看到正向的一面，也要看到反向的一面，善于用逆向思维认识问题。

太极哲学不易观的基本内涵包括：宇宙万物的变易之中也有不易之道即规律，宇宙万物是依照自然规律运动变化创生出来的，自然规律既包括宇宙起源、发展、演变、消亡循环往复的根本规律，也包括万事万物产生、发展、演变的规律。自然之"道"既包括"道"，也包含"德"，"道"与"德"二位一体，是不可分割的一对阴阳统一体。"道"与"德"蕴含无私奉献，生长万物而不将其据为己有，养育万物却不自以为是。因此，人类既要尊重"道"，又要崇尚"德"，也就是说既要遵守自然规律，又要恪守道德规范。人类要想生存发展下去就必须按照自然规律做事。

太极哲学和谐观的基本内涵包括：和谐是宇宙的基本性质，是宇宙万物产生、存在、变化、发展的最重要的、最基本的根据。宇宙有自我修复功能，即有一种使不平衡达到平衡、使不和谐达至和谐的本能。宇宙本身是最大的和谐，人类的本性也是趋向和谐的。"和而不同""求同存异""和实生物""同则不继"是宇宙的本能和规律。

阴阳辩证法的根本法则是"一阴一阳之谓道"。采用事物一体两面运动变化、阴阳对立统一的思维方法说明事物产生、发展、变化的原因和规律，强调事物永远处于变化之中，阴阳平衡、和谐共处是最佳状态，当事物之间的平衡被打破而趋向消失时，事物便处于矛盾冲突状态，应当积极促进事物之间新的平衡出现。

阴阳辩证法八大定律包括：阴阳相生，阴阳相克，阴阳消长，阴阳互根，阴阳互补，阴阳互渗，阴阳互转，阴阳平衡。其中"阴阳五行相生相克"是核心定律，并有完整的理论分析模型。

阴阳五行相生是指大自然中的五种物质依次产生的规律，包括土生金，金生水，水生木，木生火，火生土。根据笔者的理解，土生金是指土壤里的物质经过地壳运动和化学变化而生成丰富的金属矿；金生水是指土壤中金属矿物质经过地壳运动以及化合反应产生水，出现湿气和水流，进而生成川流不息的江河湖海；水生木是指阳光照射下的土壤在水的滋养下生长植物，形成树木森林；木生火是指树木达到燃点就会起火熊熊燃烧；火生土是指树木燃烧后化为灰烬变成泥土。

阴阳五行相克是指大自然中的五种物质依次克服的规律，包括木克土、土克水、水克火、火克金、金克木。正所谓"一物克一物""一物降一物"。木克土是指植物发出的幼芽能够克服土壤的阻力破土而出。土克水是指人们可以用土筑成堤坝防洪抗灾或分流疏导洪水。水克火是指水可以灭火。火克金是指熊熊烈火高温可以熔化金属。金克木是指人们用金属器具可以切割木材或钻木、锯木和雕木。

阴阳消长是指阴阳之间的此消彼长，此长彼消。如一日之中少阳、太阳、少阴、太阴的昼夜阴阳消长。每天有 12 个时辰，即 24 小时。昼为阳，夜为阴，而每天昼与夜的时间长度都是在消长变化着的。四季变化，寒暑交替亦是阴阳变化。夏季天气气温上升，是阳长，此时寒气减退，便是阴消，这就是阳长阴消；相反，冬季天气变寒，是阴长，热气消退，即是阳消。阴阳消长失去平衡而超出限度，就会出现阴盛阳衰或阳盛阴衰，就是失常。"长"得过多就称为太过，"消"得过多的叫作不及，太过与不及都会给事物带来不良后果。例如，天气的常见气象是晴天、阴天、风雨、寒热等。一般情况下，这些气象变化是有一定的规律的。但是在某一地区这些阴阳消长如果太过或不及，气候反常，如冬天气温过高，会使草木过早发芽，冬眠的虫子出洞，就会出现自然灾害。

阴阳互根是指阴阳两种事物互为根据，互为根源，相辅相成，互相共存。如天与地，上与下，左与右，前与后，内与外，寒与热，白天与夜晚，山的阳面和阴面；铁制的矛和盾，失去一方，另一方就失去了存在的意义。阴阳互根还意味着阴阳互为根源，互为源头。如春生、夏长为阳气上升，秋收、冬藏为阴气上升，春夏秋冬四季的生、长、收、藏之间是紧密联系在一起的，后者以前者为源头，前者以后者为根源。

阴阳互补是指阴为阳所用，阳为阴所用，阴与阳互相补充，互相依赖，互不脱离。如"阴在内，阳之守也；阳在外，阴之使也"。人体的表皮包括皮下脂肪和皮肤，属于阳；人体的内脏包括五脏六腑等，属于阴。表皮在外守护内脏，内脏在里运行气血。表皮与内脏互为所用，互不脱离。阳在外，保护着阴精和内脏，抵御外寒风邪。内脏运行气血，使表皮充盈健康。

阴阳互渗是指阴阳两种事物之间互相渗透，互相融合，就像阴阳鱼球里的两个黑白小"鱼"，"白鱼"里面有一个小黑点，"黑鱼"里面有一个小白点，阴中有阳，阳中有阴。宇宙间极其纯粹的物质几乎不存在，万物之间都有互相渗透、交融的现象。

阴阳互转是指阴阳在一定条件下相互转化。阴极而阳，阳极而阴。阴会变阳，阳会变阴。物极必反。如灾祸与幸福在一定条件下相互转变。有灾祸时，幸福潜藏在里面；有幸福时，灾祸藏伏在里面。灾祸中隐含着幸福，幸福中潜藏着灾祸。

阴阳平衡是指事物的阴阳达到协调平衡状态，呈现出和谐之象。若事物阴阳失调，就会出问题。人体阴阳失调，就会生病；社会阴阳失调，就会出动乱。阴阳平衡是一种动态之中的平衡，平衡是在恒动中求阴阳之间的高度和谐统一。

笔者运用阴阳辩证法定律分析中国改革开放、中国与欧盟关系两个案例，探寻中国改革开放取得巨大成就的根本原因。就中国与欧盟的矛盾冲突提出了解决问题的思路：中国继续坚持对内搞活、对外开放的大政方针，以经贸关系为基石，以公民社会和思想文化交流为两翼，以政治对话为途径，全方位与欧盟发展关系。大力开展中欧之间政府和民间各层次、各类别之间的沟通、对话与交流。本着"和而不同""求同存异"的理念，尽最大诚意和善意解决双方之间的问题和困难。充分运用"以柔克刚""刚柔并济"的两种策略，在积极开展协商、沟通、交流的同时，坚守本国的核心利益和底线，对于来自对方的挑衅、打压与进攻予以合理恰当的反击和反制。

笔者从《论语》《礼记》等典籍中提炼归纳出了和谐思想的核心价值观仁、义、礼、智、信的基本内涵。

"仁"的基本内涵包括：仁者爱人，智者知人，"唯仁者能好人，能恶人"。恭、宽、信、敏、惠五行之仁。仁厚而不愚笨，聪明而不放纵，诚实而不受骗，直率而不尖刻，勇敢而不莽撞，刚强而不自大。为政者要行仁道。"义"的基本内涵包括：君子喻于义，见利思义，见危授命。追求正义，遵道行义，正当防卫，慎战义战。行义以达其道。"礼"的基本内涵包括：克己复礼，言行合礼，礼仪待人，谦虚谨慎，互相尊重，上位者要遵守礼仪。"智"的基本内涵包括：明辨是非，知人善任，以柔克刚，刚柔并济，有智有节，适可而止。"信"的基本内涵包括：讲究信用，诚实守信。言忠信，行笃敬。君子说话忠实守信，做事忠厚踏实。如果以忠诚守信为宗旨，追随和服从于义，就可以提高品德。诚信是从天道学来的，诚信也是人间之道。领导者要带头守信。

和谐思想核心价值观仁、义、礼、智、信在中国对外关系中有诸多体现，中国政府提出的和平共处五项原则，"中国永远不称霸"，"互信、互利、平等、协作"新安全观，"与邻为善、以邻为伴"，"睦邻、安邻、富邻"，"亲、诚、惠、容"周边外交政策，"建设新型大国关系"，"构建人类命运共同体"等都体现了和谐思想的核心价值观。

二、启示与展望

本书所研究的中华传统和谐思想体系的世界观、方法论与核心价值观不仅对人类社会的和平发展有积极的意义，而且对中国外交以及解决国际关系问题有深刻的启示，归纳起来有以下几点。

（一）和而不同，和平共处

和谐思想认为，宇宙是一个多样性的统一体。宇宙、自然和人类社会存在差异，但是差异并不等同于矛盾。事物之间的差异有时会演化成矛盾，有时却成为和谐的必要条件。大自然和人类社会有许多有差异的物质相互交融产生新事物的例子，譬如两种不同的物质通过物理或化学反应融合而成为新的物质，人类夫妻结合生儿育女繁殖后代等。因此，事物的差异性并不意味着一定会有矛盾冲突。由差异而形成的多样性常常是新事物产生的基础。与西方二元对立斗争哲学的世界观、方法论不同，中华传统和谐思想倡导"和而不同""求同存异""和实生物""和谐共存""和平共处"。和谐思想的世界观、方法论与核心价值观为人类社会走出矛盾冲突的险境指明了方向，为解决国际冲突提供了深刻的启示。

（二）大小国家互相尊重

老子的《道德经》曰："大邦者下流，天下之交也，天下之牝，牝常以静胜牡，以静为下。故大邦以下小邦，则取小邦；小邦以下大邦，则取大邦。故或下以取，或下而取。大邦不过欲兼畜人，小邦不过欲入事人。夫两者各得其所欲，大者宜为下。""江海之所以能为百谷王，以其善下之，故能为百谷王……以其不争，故天下莫能与之争。"❶ 意思是说大国要像居于江河下游那样，使天下百川交汇于此，自居于雌柔的位置。而雌柔常以安静胜过雄强，这是因为安静居于下的缘故。所以，大国对小国谦下，就可以取得小国的依赖；小国对大国谦下，就可以见容于大国。所以，有时大国以谦下取得小国的依赖，有时小国以谦下见容于大国。大国不要过分想统治小国，小国不要过分想奉承大国。大国小国都各自达到愿望，大国特别应该谦下。江海之所以能成为千溪百川之首领，是因为它总是处于最低下的位置……正由于不与人争，因而天下的人都无法与之相争。人类唯有从相争相残转变为和衷共济、和而不同、共存共荣，才会有光明的前景和希望。

老子的思想对国际关系的深刻启示就是倡导大小国家互相尊重，大国、强国不要欺负小国、弱国，大国不要以自己的价值观和政治制度作为是非标准衡量他国或要求其他国家照抄照搬。大国应当尊重小国，小国应当尊重大国，大国因其实力强大更应该谦虚谨慎，尊重他国。地球上的海洋之所以能成为最大的水域，是因为它低而深，能容纳千万条江河。所以，有道义的大国要像大海一样包容，像大地一样厚德。

（三）高处不胜寒

《易经》第一卦乾卦有一句爻辞："亢龙有悔，盈不可久也。意思是说龙飞到极高的地方因而后悔，说明极端的状态不能持久。"❷《易经》第三

---

❶ 老子. 道德经［M］. 徐澍，刘浩，注译. 合肥：安徽人民出版社，1990：168－170，184－185.

❷ 易经［M］. 徐澍，张新旭，译注. 合肥：安徽人民出版社，1992：7.

十四卦大壮卦告诉人们，当一个国家处于大者之壮的强盛状态时，要将"大、壮、正三者结合。大而壮者如果不正，势必任性横暴，成为邪恶力量。大而壮者能正，则能有益于天地之间。什么叫正？就大壮卦来说，就是尊重道德规范，用社会公认的行为规范来节制，则表现为谦和持重的精神风貌，反对自恃其壮而过于用壮❶。

老子《道德经》曰，"物壮则老"，"企者不立，跨者不行。自见者不明，自是者不彰，自伐者无功，自矜者不长。"❷意思是说，事物过分强壮就容易衰落。踮起脚跟想要站得高，反而站立不住；跃起大步想要快走，反而行走不快。自我显扬的反而不能彰明；自以为是的反而不能昭彰；自我夸耀的反而不能见功；自高自大的反而不能做众人之长。这些思想启示我们，当一个国家日益强大时，不要骄傲自大、自以为是，不要走极端，更不要追求当世界领导而搞霸权主义。中国领导人毛泽东、邓小平、江泽民、胡锦涛、习近平一再向世界明示"中国永远不称霸"就体现了这种理念。

（四）合理斗争

和谐思想主张对待非对抗性的矛盾尽量采用协商、协调、平衡的方法去处理，使不协调达到协调、不平衡达到平衡。对于对抗性的矛盾，要恰当地合理斗争，如本国主权、领土、生存、安全等核心利益受到侵犯时，要坚决地进行自卫反击；当国家遭受外国侵略时，要运用政治智慧和军事手段进行自卫反击，用正义的战争反击非正义的战争。1939年9月16日，毛泽东在《论政策》一文中针对国民党反共顽固派提出："人不犯我，我不犯人，人若犯我，我必犯人。"也就是说，当别人不侵犯我的时候，我不去侵犯别人，当别人侵犯我的时候，我一定为捍卫自己的安全、利益和尊严而进行斗争。中国古代的《孙子兵法》《孙膑兵法》提供了对敌斗争

---

❶ 易经［M］. 徐澍，张新旭，译注. 合肥：安徽人民出版社，1992：189.
❷ 老子. 道德经［M］. 徐澍，刘浩，注译. 合肥：安徽人民出版社，1990：85－86，68－69.

的智慧、谋略和战术。所以，中华传统和谐思想的源泉不仅有《易经》《道德经》《黄帝内经》《论语》《礼记》等符合规律的经典阐述，而且还有对敌斗争的兵书和兵法。正所谓"中国不惹事但也不怕事"。在需要捍卫本国尊严和利益的时候，中国将会义无反顾地自卫反击。

（五）己所不欲，勿施于人

孔子在《论语》颜渊篇第十二章曰："己所不欲，勿施于人。"意思是自己不愿意或不喜欢做的事情，不要强迫别人去做。运用于国际关系，就是自己的国家不愿意被其他国家干涉内政，自己也不要去干涉别国的内政。要光明正大地善待周边国家和小国穷国，以诚待人。对其他国不强求，不施压。20 世纪 60 年代以来，中国对非洲国家进行了长期的经济援助，从来不附带任何政治条件，更没有以经济援助为由在非洲国家强制推行自己的政治制度和价值观。中国政府主张通过谈判、协商方式解决伊朗核问题、朝核问题等，都体现了"己所不欲，勿施于人"的原则。

（六）天下为公，世界大同

儒家经典《礼记》礼运曰："大道之行也，天下为公。选贤与能，讲信修睦。故人不独亲其亲，不独子其子，……是故谋闭而不兴，盗窃乱贼而不作，故外户而不闭，是谓大同。"❶ 中华传统和谐思想的理想目标是"天下为公，世界大同"。21 世纪以来，"和平发展""互利共赢"成为中国的对外战略。中国政府提出"坚持互信、互利、平等、协作的新安全观"，中国共产党十八大报告明确提出，要倡导人类命运共同体意识，在追求本国利益时兼顾他国合理关切，在谋求本国发展中促进各国共同发展。党的二十大报告指出，人类命运共同体以"和平、发展、公平、正

---

❶ 礼记孝经［M］. 胡平生，陈美兰，译注. 北京：中华书局，2007：110.

义、民主、自由"的全人类共同价值为思想理论基础和精神内核，对待不同发展模式间的差异采取平等态度的合作方式，目的在于共同发展。❶ 这些主张和理念与弱肉强食的"丛林法则"、强权政治、零和博弈的观念完全不同。"构建人类命运共同体"的理念提供了一种世界各国求同存异、互利互助、合作共赢的新思路。

老子在《道德经》里说："执大象，天下往。往而不害，安平太。"❷ 意思是说，谁掌握了大"道"，天下人都来向他投靠。投靠而不互相妨害，于是大家都平和安泰。中国提出的"和平共处五项原则"之所以为世界各国所接受，就是由于它执掌了"大道"，反映了人类向往和平的共同愿望。中华传统和谐思想所提供的世界观、方法论与核心价值观为世界和平、人类发展提供了与西方二元对立斗争哲学完全不同的思想和启示。

---

❶ 王俊生. 推动构建人类命运共同体的中国担当［EB/OL］.（2022 - 11 - 20）［2022 - 11 - 29］. https：//m. gmw. cn/baijia/2022 - 11/20/36172811. html.

❷ 老子. 道德经［M］. 徐澍，刘浩，注译. 合肥：安徽人民出版社，1990：97 - 98.

后　记

　　"中华传统文化和谐思想"这是我非常感兴趣并竭尽全力研究的课题，历经多年的艰辛努力终于完成了！这虽然构思和写作此书花费了许多年的时间和精力，但我为完成了这项热爱的研究工作而高兴和喜乐！

　　和谐思想是两千多年前中国古圣先贤创立的哲学思想，它蕴含于中国古代经典《易经》《道德经》《黄帝内经》《论语》《易传》《尚书》《礼记》《孟子》等书籍之中。和谐思想从宇宙起源的角度探寻世界的本体，从本体论的角度探索宇宙的根本规律、自然规律和社会规律，提供分析问题和解决问题的世界观、方法论，以及提高人的道德修养的核心价值观。和谐思想是中华民族古圣先贤留下的一笔珍贵的文化遗产，是中华文化宝库中的瑰宝。

　　本书以中国古代经典《道德经》《黄帝内经》《易经》以及《论语》《礼记》等书籍为蓝本，从中提取与和谐思想有关的内容，从而建构了和谐思想体系的世界观、方法论与核心价值观。笔者从《易经》《道德经》提炼了和谐思想的世界观——太极哲学的相关内容；从《易经》《道德经》《黄帝内经》以及中国传统医学理论书籍中提炼了和谐思想的方法论——阴阳辩证法的相关内容；从《道德经》《论语》《礼记》等书籍中萃取了和谐思想的核心价值观仁、义、礼、智、信的基本内涵，完成了和谐思想体系的建构，并对其世界观、方法论与核心价值观进行了三位一体的系统论述。在此基础上，本书还将和谐思想与中国改革开放和对外关系实践相

181

对接，考察其世界观、方法论与核心价值观的现实体现及其启示，以检验和谐思想体系的实用价值和现实意义。

在本书写作过程中，我不由自主地赞叹中国古圣先贤的伟大！他们在古代农耕时代的农业文明社会就能深刻感悟人生，探索发现真理，认识宇宙起源、发展、演变以至循环往复的规律，揭示"天道""地道"和"人道"，倡导天、地、人和谐，写出千古流芳的经典，实在令人敬佩！他们所揭示的宇宙、自然规律和社会规律影响了一代又一代中国人，他们所倡导的文化价值观潜移默化地影响着中国老百姓，成为中国人民普遍信奉和判断是非的标准。中华文化之所以能够经久不衰，中华文明之所以能够代代相传，与这些古圣先贤所创立的和谐思想密不可分。作为中华儿女，我们应当为拥有如此杰出而伟大的古圣先贤自豪和骄傲。

《易经》是中国古代经书的"群经之首"。《易经》的八卦以及六十四卦虽有筮卦的形式，但更有深邃的哲学思想。发源于远古时代华夏之地的《易经》，用卦爻象表示"天之道"和"民之故"，用阴阳两种属性的对立统一和运动变化说明事物产生、发展、演变的原因和规律，揭示自然现象和社会现象的本质，为人们观察分析问题提供了哲学思维方法。其基本观点是：事物永远处于运动变化之中，阴阳和谐是事物的最佳状态，当阴阳平衡被打破并趋向消失时，矛盾、冲突就出现了，应当采取协调、平衡的方法促进新的平衡出现，使不协调达至协调，不平衡达至平衡，不和谐达至和谐。所以，《易经》倡导的是不走极端的阴阳平衡之道。孔子及其弟子解释《易经》卦辞和爻辞的《易传》记述了丰富而深刻的人生哲理和经验，阐述了元亨利贞的"道"和"理"，倡导在社会生活中用一体两面运动变化的阴阳辩证思维认识问题和解决问题。

老子洋洋洒洒五千言的《道德经》揭示了宇宙起源、发展、演变以至循环往复的规律，用"万物负阴而抱阳，冲气以为和"的精湛语句揭示了宇宙万物皆有阴阳、阴阳运动创生万物的根本规律，揭示了"人与自然和谐，人与社会和谐，人与人和谐"的真理，并将"道"与"德"统一起来，倡导人们遵道守德。

孔子的《论语》以及儒家经典用朴实无华的语言阐释了仁、义、礼、智、信的内涵，告诫人们应当做什么，不应当做什么，怎样做君子，如何防小人。仁、义、礼、智、信不仅是中国老百姓广泛信奉并长期传承的文化价值观，也是和谐思想的核心价值观。

中国古代经籍所阐发的和谐思想贯穿了"人与自然和谐、人与社会和谐、人与人和谐、自我身心和谐"的理念。这些诞生于几千年前和谐思想在中国老百姓的日常生活中打下了深刻的烙印。中国古典建筑、园林、雕刻、绘画、书法、舞蹈、音乐，中医、中药，甚至气功、武术、太极拳、中餐等都带有和谐思想的印记。所以，中华传统和谐思想不仅是中国文化宝库的瑰宝，也是世界文化宝库的精品。和谐思想的世界观、方法论与核心价值观不仅对于中国文化传承有巨大贡献，而且为人类社会的和平发展提供了启示。

毛泽东、周恩来、邓小平等老一辈党和国家领导人年少时都读过中国古代经典著作。生活于中华文化土壤的中国领导人江泽民、胡锦涛、习近平以及中国的外交决策者也深受中华传统文化潜移默化的影响。所以，传统和谐思想在中国对外关系的决策和实践中有明显的体现，是中国领导人外交理念和决策的重要思想来源。

在国际关系中，当国家之间发生矛盾冲突时，不同的思想理论、不同的世界观、方法论与核心价值观会提出截然不同的处理问题的方法。

美国统治者和一些极端政客奉行非黑即白，非白即黑"二元对立"的斗争哲学，不断寻找竞争对手和敌人，并且把打败对手或敌人视为获取自身利益的根本目的。这些极端政客采用"零和博弈"思维定式，对待自己的对手或敌人采取残酷斗争、无情打击的方法，不择手段地将对手打倒、打垮甚至置于死地，丧失了道德和道义。这种"顺我者昌，逆我者亡"的霸权主义违背"天道""地道"和"人道",所以,"二元对立"斗争哲学是世界动乱不安的思想根源之一。

中华传统和谐思想与非黑即白,非白即黑的"二元对立"斗争哲学完全不同。和谐思想倡导的是阴阳辩证思维方法,既看到人类社会矛盾冲突的一面,又看到人类社会和而不同,和谐共生的一面;既看到差异在一定条件下会产生矛盾冲突,又看到差异在一定条件下是产生新事物的基础。和谐思想认为,宇宙产生于阴阳和谐运动,和谐是主流,冲突是支流。当人们遇到矛盾冲突时,应当采用协调平衡或合理斗争的方法解决问题,从而找到双方利益的共同点,平衡利益关系,达到新的协调、平衡与和谐。所以,和谐共生与共存是和谐思想的出发点和落脚点。

在大国关系日益紧张、国际冲突时常发生的当下,中华传统和谐思想倡导的"和而不同""求同存异""合理斗争""和平共处""和谐共存"的理念,指出了一条人类和平发展的光明大道。

本书是一项挖掘中华传统和谐思想,系统建构和谐思想世界观、方法论与核心价值观的理论研究,也是一项异常艰难的学术研究。写作本书需要阅读相关的中国古代典籍以及中国古典哲学、马克思主义哲学、中国历史、国际关系史等文献资料,需要具备多学科的知识积累和理论功底。本人虽然多年研读马克思主义理论著作和中国古代典籍,积累了此项研究相关领域的知识和理论,但仍然感到系统建构和谐思想体系十分艰难。然而,发掘中华传统和谐思想,探寻解决人类社会矛盾冲突的启示,寻找人类和平发展之路的信念一直在激励着我、鞭策着我,使我坚持不懈,矢志不移。

本书从开始启动至今,历经十几年终于落地成果,笔者不胜欣慰。本书只是初步探索中华传统和谐思想体系的成果。尽管本人在撰书过程中尽了最大努力,但因水平和知识所限,本书依然存在许多不足之处,错漏不当之处请读者批评指正。

感谢成中英先生，本书阐述的和谐思想的太极哲学世界观主要参考了他提出并阐述的"太极哲学"的概念和理论；感谢杨成寅先生，他的著作《太极哲学》系统梳理了自古至今关于太极阴阳的研究文献和观点给了我很大的启发；清华大学哲学系丁四新教授和中国人民大学哲学系罗安宪教授对我开展此项研究给予了鼓励和支持，清华大学出土文献研究与保护中心的马楠副研究员对本书引用的中国古代典籍等相关内容进行了审阅校正，罗安宪教授还亲自为本书作序，笔者不胜感激。

知识产权出版社贺小霞编辑的督促使我加快了写作进程，她的认真敬业精神令我十分感动。知识产权出版社的审、校、排版团队和美编耐心细致、精益求精的工作提高了本书的质量。

希腊拉斯卡瑞德斯基金会（Aikaterini Laskaridis Foundation）与清华大学社会科学学院中欧关系研究中心合作开展的中国希腊古典文明对话和文化交流项目，促进了本书的研究工作。

清华大学国际关系学系硕士研究生郭婧竹和李海瑄为本书查找了相关资料和信息，在此一并表示感谢。

感谢所有支持帮助过我的家人、同行和朋友！大家的鼓励是我前进的精神动力。

张利华

2023 年 3 月于清华园